세상을 바꾼 여성 과학자 50

두려움 없이 자신의 꿈을 향해 나아가다!

세상을 바꾼 여성 과학자 50

두려움 없이 자신의 꿈을 향해 나아가다!

레이철 이그노토프스키 글·그림 | 안민희 옮김

길벗어린이

목차

머리말 · 6
히파티아(350-370~415(?)) · 8
마리아 지빌라 메리안(1647~1717) · 10
왕정의(1768~1797) · 12
메리 애닝(1799~1847) · 14
에이다 러브레이스(1815~1852) · 16
엘리자베스 블랙웰(1821~1910) · 18
허사 에어턴(1854~1923) · 20
카렌 호나이(1885~1952) · 22
네티 스티븐스(1861~1912) · 24
플로렌스 배스컴(1862~1945) · 26
마리 퀴리(1867~1934) · 28
메리 애그니스 체이스(1869~1963) · 30
여성 과학사 연표 · 32
리제 마이트너(1878~1968) · 34
릴리언 길브레스(1878~1972) · 36
에미 뇌터(1882~1935) · 38
이디스 클라크(1883~1959) · 40
매저리 스톤먼 더글러스(1890~1998) · 42
앨리스 볼(1892~1916) · 44
거티 코리(1896~1957) · 46
조앤 비첨 프록터(1897~1931) · 48
세실리아 페인가포슈킨(1900~1979) · 50
바버라 매클린톡(1902~1992) · 52
마리아 거트루드 메이어(1906~1972) · 54
그레이스 호퍼(1906~1992) · 56
레이철 카슨(1907~1964) · 58
실험 기구 모음 · 60
리타 레비몬탈치니(1909~2012) · 62
도로시 호지킨(1910~1994) · 64

우젠슝(1912~1997) · 66
헤디 라마(1914~2000) · 68
메이미 핍스 클라크(1917~1983) · 70
거트루드 엘리언(1918~1999) · 72
캐서린 존슨(1918~) · 74
제인 쿡 라이트(1919~2013) · 76
로절린드 프랭클린(1920~1958) · 78
로절린 앨로(1921~2011) · 80
에스터 레더버그(1922~2006) · 82
통계로 보는 스템 분야의 여성 · 84
베라 루빈(1928~2016) · 86
애니 이즐리(1933~2011) · 88
제인 구달(1934~) · 90
실비아 얼(1935~) · 92
발렌티나 테레시코바(1937~) · 94
퍼트리샤 배스(1942~) · 96
크리스티아네 뉘슬라인폴하르트(1942~) · 98
조슬린 벨 버넬(1943~) · 100
사우란 우(194?~) · 102
엘리자베스 블랙번(1948~) · 104
카티아 크라프트(1942~1991) · 106
메이 제미슨(1956~) · 108
마이브리트 모세르(1963~) · 110
마리암 미르자하니(1977~2017) · 112
더 많은 여성 과학자들 · 114
맺음말 · 117
낱말 풀이 · 118
참고 자료 · 122
감사의 말 · 124
작가 소개 · 125
찾아보기 · 126

머리말

'바지를 입은 여자만큼 골치 아픈 건 없다'는 말이 있다. 이 말은 1930년대 미국의 분위기 그대로다. 미주리 대학교에서 조교수로 일하던 바버라 매클린톡은 바지를 입고 다녔다고 물의를 빚었을 정도니까. 바버라는 당돌하고, 직설적이고, 엄청나게 머리가 좋고, 남자 동료들보다 훨씬 예리한 여성이었다. 바버라는 언제나 최상의 결과를 만들어 내기 위해 자기 방식대로 일했다. 그 덕에 바버라의 학생들은 밤늦도록 함께 남아 연구해야 했다.

바버라가 과학자로서 자질이 있었을까? 물론이다! 하지만 그 시절에는 여자한테 이런 자질이 있는 것이 좋게 보이지는 않았다. 바버라의 지성과 자신감, 규칙에 얽매이지 않는 태도는 물론이고 바지를 입고 다니는 것까지 죄다 충격의 연속이었다!

바버라는 코넬 대학교에서 일할 때 이미 옥수수의 염색체 지도를 그리는 획기적인 연구로 유전학 분야에 이름을 알린 상태였다. 이 연구는 지금도 과학사에서 중요한 자리를 차지하고 있다. 하지만 미주리 대학교 사람들은 바버라를 뻔뻔하고 여자답지 않은 여자로만 보았다. 바버라는 교수 회의에 참석할 수 없었고, 연구비도 거의 받지 못했다. 급기야 승진할 가능성도 없고 결혼이라도 하면 당장 해고될 거라는 사실을 깨달았다. 바버라는 더 이상 참을 수 없었다.

바버라는 지금까지 쌓아 올린 경력을 모두 버리고 짐을 쌌다. 그리고 자신의 가치를 타협하지 않겠다는 굳은 마음으로 꿈의 직장을 찾아 떠났다. 결국 온종일 즐겁게 연구할 수 있는 곳을 찾아냈고, 마침내 '도약 유전자'를 발견했다. 이 연구는 유전학에 대한 관점을 완전히 바꿔 놓았고, 훗날 바버라에게 노벨상을 안겨 주었다.

바버라 매클린톡의 이야기는 그리 특별한 게 아니다. 인류가 세계에 대해 궁금증을 품기 시작한 이후, 별을 올려다보고, 바위 밑을 들춰 보고, 현미경을 들여다보며 답을 찾던 남자와 여자는 언제나 있었다. 지식을 향한 갈증은 남자에게도 있고 여자에게도 있었지만, 탐구할 기회도 늘 똑같이 주어진 것은 아니었다.

과거에는 여성의 교육을 제한하는 일이 흔했다. 여자는 남자만큼 머리가 좋지 않다고 생각하는 사람이 많았고, 여자가 학술 논문을 발표하는 것을 허락하지 않는 경우도 많았다. 여자에게 기대하는 역할은 오로지 자라서 좋은 아내와 어머니가 되는 것밖에 없었다. 사회에 나가 일을 하며 생활비를 버는 것은 남자의 일이었다. 이 책에 나오는 여성들은 그런 고정관념과 맞서 싸우며 자신이 원하는 길을 걸어간 사람들이다. 이 여

성들은 규칙을 깨뜨리고 가명으로 논문을 발표해 가면서 오로지 학문을 사랑하는 마음 하나로 일했다. 다른 사람들이 이들의 능력을 의심할 때, 이들은 자신을 믿었다.

시간이 흘러 여성에게도 고등 교육을 받을 수 있는 기회가 늘어났지만, 모든 문제가 해결된 것은 아니었다. 여성은 제대로 된 연구 공간도, 자금도, 인정도 받지 못하기 일쑤였다. 리제 마이트너는 여자라는 이유로 대학교 건물 출입을 금지당하는 바람에 습기 찬 지하실에서 방사 화학 실험을 했다. 물리학자이자 화학자인 마리 퀴리는 실험실을 마련할 돈이 없어서 먼지가 풀풀 날리는 작은 헛간에서 위험한 방사성 물질을 다루었다. 세실리아 페인가포슈킨은 천문학사에서 손꼽히는 중요한 발견을 하고도 여자라는 이유로 인정받지 못한 채 몇십 년 동안 기술 보조에 머물러야 했다. 이 여성들이 가진 최고의 무기는 창조력과 끈기, 그리고 발견의 기쁨이었다.

과학(Science), 기술(Technology), 공학(Engineering), 수학(Mathematics)을 통틀어 스템(STEM)이라고 부른다. 스템 분야에서 이름을 알린 여성을 들라면 누구나 가장 먼저 마리 퀴리를 떠올릴 것이다. 하지만 역사 속에는 마리 퀴리 말고도 스템 분야에 기여한 위대하고 중요한 여성들이 많다. 그중에는 제대로 인정받지 못해 잊힌 사람도 허다하다. 물리학을 이야기할 때 우리는 알베르트 아인슈타인뿐만 아니라 천재 수학자 에미 뇌터의 이름도 떠올려야 한다. DNA의 이중 나선 구조를 제일 처음 발견한 사람은 제임스 왓슨과 프랜시스 크릭이 아니라 로절린드 프랭클린이라는 사실을 우리 모두 알아야 한다. 컴퓨터 공학의 진보에 감탄할 때 스티브 잡스나 빌 게이츠만 기억하지 말고, 최초의 컴퓨터 프로그래머인 에이다 러브레이스와 현대 프로그래밍의 창시자인 그레이스 호퍼도 함께 기억해야 한다.

역사 속에는 과학 연구에 자신의 모든 것을 걸었던 수많은 여성이 존재한다. 이 책에는 고대 그리스부터 현대에 이르기까지, "안 돼."라는 말을 눈앞에서 들으면서도 "막을 테면 막아 봐."라며 당차게 나아간 수많은 여성의 이야기가 담겨 있다.

히파티아

천문학자, 수학자, 철학자

'이집트의 현명한 여인'으로 불렸어.

역사 속에는 수많은 여성 교육자와 학자가 있다. 히파티아는 기록에 남아 있는 최초의 여성 수학자이다. 히파티아는 생전에 많은 사람들의 귀감이 될 만한 업적을 이루었고, 죽은 뒤에는 전설적인 존재가 되었다.

학자들은 히파티아가 350년에서 370년 사이에 이집트 알렉산드리아에서 태어났을 것으로 추정한다. 히파티아의 아버지 테온은 유명한 학자였다. 테온은 히파티아가 그리스의 전통과 가치를 깊이 존중하며 좋은 교육을 받고 자라게 했다. 또 어떤 일이 있어도 자신들의 가치를 지켜 나가겠다는 마음가짐을 심어 주었다.

전쟁과 반란을 견뎌 낸 알렉산드리아 도서관은 391년 로마 제국이 이교를 법으로 금지하면서 파괴되었어.

대도서관으로 잘 알려진 알렉산드리아는 학문의 도시였지만, 기독교와 유대교 및 이교가 팽팽히 대립하던 위험한 곳이기도 했다. 그런 환경에서도 히파티아 부녀는 자칫 이교로 몰릴 수 있는 그리스 전통을 지키며 사는 것을 중요한 가치로 여겼다. 테온은 딸에게 수학과 천문학을 가르쳤다. 두 분야 모두에 능통했던 히파티아는 훗날 아버지를 뛰어넘는 수학자가 되었다. 그는 아버지의 저작에 중요한 주석을 다는가 하면, 기하학과 수론에서 독자적인 업적을 남기기도 했다.

아버지와 함께 태양계에 관한 이론을 연구했어.

과학 연구와 더불어 히파티아는 플라톤 철학을 연구했다. 히파티아는 알렉산드리아 최초의 여성 교사 가운데 한 명이었다. 그의 강의를 들으려고 멀리서 일부러 찾아오는 사람들도 있었다. 히파티아는 신플라톤주의 철학을 가르쳤다. 강의를 듣는 남학생들은 히파티아를 존경하며 그에게 충성심을 바쳤다. 하지만 히파티아의 행복은 오래가지 못했다.

히파티아는 '이교도식' 강의를 한다는 이유로 기독교도의 표적이 되었다. 알렉산드리아에 들끓던 종교적 대립이 결국 폭발해 폭력 사태가 일어나면서, 히파티아는 415년경 기독교 극단주의자 무리에게 살해당하고 말았다.

히파티아의 죽음은 비극이었지만, 그의 생애는 무지에 맞서는 교육의 상징이 되었다. 오늘날 우리는 히파티아를 지식의 빛을 비추어 준 인물로 기리고 있다.

플라톤과 아리스토텔레스 철학을 강연했어.

마리아 지빌라 메리안

과학 화가, 곤충학자

1647년 독일에서 태어난 마리아 지빌라 메리안은 과학과 예술을 결합한 역사상 최고의 과학 화가로 손꼽힌다.

1600년대 유럽 사람들은 곤충에 대한 기본적인 지식도 갖추고 있지 않았다. 대부분의 사람들은 곤충을 자세히 연구할 가치가 없는 징그러운 것이라고만 여겼다. 하지만 마리아의 생각은 달랐다. 마리아는 어릴 때부터 곤충을 수집하며 곤충의 행동을 관찰하곤 했다. 새아버지에게 그림 그리는 법을 배우고 나서는 좋아하는 곤충들이 여러 단계를 거치며 성장하는 과정을 그림으로 그렸다.

마리아는 나비를 특히 좋아했다. 당시에는 나비와 애벌레의 관계를 확실히 이해하는 사람이 아무도 없었다. 하지만 마리아는 1679년에 곤충의 변태에 관한 과학적인 정보와 그림이 가득한 책을 펴냈다.

그 무렵 마리아의 삶에 급격한 변화가 찾아왔다. 마리아는 남편을 떠나 어머니와 두 딸을 데리고 네덜란드로 갔다. 네덜란드에서 마리아 가족은 엄격한 규율을 따르는 종교 공동체에 들어갔다. 그 단체는 네덜란드 식민지인 남아메리카의 수리남과 관련되어 있었다. 마리아는 그때 처음 수리남을 알게 되었고, 운영이 잘되지 않아 공동체가 해체된 뒤에도 수리남에 대한 관심을 계속 이어 갔다.

마리아는 52세에 새로운 곤충들을 보고 싶은 호기심에 이끌려 남아메리카 열대 우림으로 용감히 뛰어들었다. 폭우와 더위 속에서 마리아는 이제껏 본 적 없는 곤충들을 기록해 나갔다. 불행히도 말라리아에 걸리는 바람에 예정보다 일찍 여행을 마쳐야 했지만, 다행히 책으로 엮어 내기에 충분한 양의 그림이 완성되어 있었다. 결국 1705년 마리아의 최고 걸작인 《수리남 곤충의 변태》가 세상에 나왔고, 유럽 전역에서 베스트셀러가 되었다!

마리아의 연구는 후대의 과학자들이 곤충을 이해하고 분류하는 데 큰 도움이 되었다. 마리아의 아름답고 섬세한 그림은 오늘날까지도 사람들에게 놀라움과 지식을 선사하고 있다.

사람들은 마리아의 어머니가 임신 중에 곤충 수집품을 구경하는 바람에 마리아가 벌레를 좋아하게 되었다고 생각했어.

당시에는 곤충을 '악마의 짐승'이라 불렀어.

다른 사람들이 표본 상자 속의 죽은 곤충을 관찰할 때, 마리아는 살아 있는 곤충을 관찰하고 그렸어.

당시 사람들은 곤충이 음식 쓰레기 속에서 마법처럼 저절로 생겨난다고 믿었어.

마리아의 얼굴이 그려진 독일 지폐와 우표가 있어.

옛날 독일에서는 고치를 '대추야자 씨'라고 불렀어.

남아메리카 열대 우림에서 독벌레를 만졌어.

불평등을 비판하는 시를 남겼어.

월식과 춘분점, 추분점을 정확하게 기록했어.

삼각법과 곱셈·나눗셈의 원리를 설명했어.

"남자와 여자가 똑같다는 것을 / 믿을 수밖에 없는데 / 누가 의심하는가 / 딸들은 영웅이 될 수 없다고." - 왕정의의 시

왕정의

천문학자, 시인, 수학자

중국 최고의 학자 가운데 한 사람인 왕정의는 1768년 청나라에서 태어났다. 당시 중국은 엄격한 봉건제 국가였다. 교육은 부유한 남자만 받을 수 있었고, 여자가 할 일은 요리나 바느질이었다. 공부는 여자에게 '방해물'에 지나지 않았다.

왕정의는 다행히 교육을 중시하는 학자 집안에서 태어났다. 왕정의는 할아버지와 아버지에게 천문학과 수학을 배웠다. 또 여행을 많이 다니면서 가난한 사람들이 지나친 세금 때문에 고통 받는 모습도 보았다. 가난의 가혹함을 깨달은 왕정의는 불평등한 현실을 비판하는 시를 쓰기도 했다.

당시 사람들은 일식과 월식을 신비롭고 아름다운 현상으로 여겼으나, 왜 그런 일이 일어나는지는 잘 이해하지 못했다. 왕정의는 탁자와 거울과 등불로 천체 모형을 만들어 일식과 월식의 원리를 설명했다. 일식 때는 달이 태양을 가려서 지구에 있는 우리가 태양을 볼 수 없고, 월식 때는 지구가 태양을 가려서 태양빛이 달에 닿지 못한다는 이론을 증명한 것이다.

하늘에는 일식과 월식 말고도 풀어야 할 문제들이 많았다! 왕정의는 중국의 음력 체계를 과학적으로 연구하고, 별을 측정하고, 태양계 행성들의 공전에 대해서도 설명했다. 왕정의는 수학에도 온 힘을 기울였다. 어려운 수학 문제를 붙잡고 씨름하다 한숨이 나올 때도 많았지만, 힘들어도 포기하지 않고 끝까지 밀고 나갔다. 그렇게 복잡한 산술 이론을 이해해 내고 24세에 《산법의 간단한 원리》라는 다섯 권짜리 수학 입문서를 펴냈다. 이 책은 왕정의가 1797년 스물아홉의 나이로 세상을 떠나고 6년 뒤 청나라의 유명한 학자인 전의길의 서문이 덧붙여지며 많은 사람에게 읽혔다.

왕정의는 젊은 나이에 세상을 떠났지만, 청나라 시대의 훌륭한 지성인으로 기억되고 있다. 왕정의가 남긴 수학 및 천문학 분야의 여러 책과 시집은 후대의 수많은 과학자와 수학자, 작가 들에게 영향을 미쳤다.

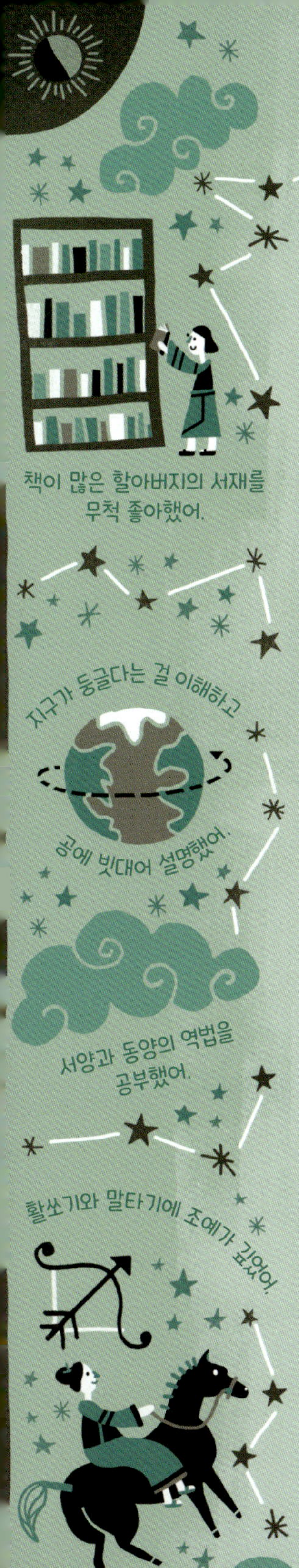

책이 많은 할아버지의 서재를 무척 좋아했어.

일식과 월식의 원리를 설명하는 글을 남겼어.

지구가 둥글다는 걸 이해하고 공에 빗대어 설명했어.

별의 수와 위치를 새롭게 계산했어.

서양과 동양의 역법을 공부했어.

중력에 대한 자신만의 의견을 펼쳤어.

활쏘기와 말타기에 조예가 깊었어.

피타고라스의 정리를 비롯한 삼각법을 해설했어.

$a^2 + b^2 = c^2$

메리 애닝

화석 수집가, 고생물학자

메리 애닝은 1799년에 라임 레지스라는 영국의 작은 바닷가 마을에서 태어났다. 집이 아주 가난했기 때문에 메리는 아버지와 함께 화석을 캐서 부유한 관광객들에게 팔아 근근이 먹고살았다. 이안류와 산사태가 생기는 가파른 바닷가 절벽에서 화석을 캐는 것은 위험한 일이었다. 하지만 11살 때 아버지가 세상을 떠난 뒤에도 메리는 계속해서 화석 장사를 이어 갔다.

그 시절 사람들은 공룡이라는 것을 전혀 알지 못했고, 어떤 동물 종 전체가 완전히 사라지는 것은 있을 수 없는 일이라고 생각했다. 메리는 그런 생각이 틀렸다는 것을 증명했고, 어릴 때부터 그 증거를 찾아냈다. 12살 무렵에 메리는 익티오사우루스의 골격 화석을 최초로 발견했다. 나아가 그 전까지 한 번도 알려진 적 없는 플레시오사우루스의 화석도 찾아냈다. 메리가 찾아낸 이 화석들은 사람들이 이제껏 알고 있던 동물들의 모습과 전혀 달랐다. 비로소 멸종이 일어날 수 있다는 사실이 증명된 것이다!

메리는 이전까지 독일에서만 발견되던 프테로사우루스 화석도 찾아냈고, 먼 옛날에 살았던 다양한 어류 화석도 발견했다. 메리의 활약 덕분에 당시에 '위석'으로 여겨지던 신기한 돌멩이가 사실은 공룡의 똥 화석이라는 것이 밝혀지기도 했다! 공룡의 배설물을 연구하는 것은 공룡이 어떻게 살았는지 알아내는 데 큰 도움이 되었다.

메리는 과학 분야에서 많은 업적을 이루었지만, 여자라는 이유로 논문을 발표할 수 없었다. 박사들과 지질학자들은 메리의 의견을 존중했고, 메리가 발견한 사실을 자신들의 연구에 활용하기도 했다. 하지만 메리의 이름은 편집 단계에서 빠지거나 처음부터 실리지 않았다. 비록 부당한 대우를 받긴 했지만, 19세기 영국에서 메리와 같은 노동자 계층의 여성이 교양 있는 신사들과 어울릴 수 있었다는 것은 눈여겨볼 만한 일이었다.

메리 애닝은 세상 사람들에게 화석이 그저 신기한 수집품을 넘어서는 가치가 있다는 것을 깨닫게 해 주고, 우리를 파충류의 시대로 안내해 주었다.

메리의 개 '트레이'는 화석을 캐는 메리를 따라다니다 산사태에 휘말려 죽었어.

상류층 신사들에게 화석을 팔았어.

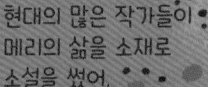

현대의 많은 작가들이 메리의 삶을 소재로 소설을 썼어.

어릴 때 벼락을 맞아 비상한 능력이 생겼다는 전설 같은 이야기가 있어.

영어의 말장난 문장 중 하나인 'She sells sea shells.'가 메리를 가리킨다는 설이 있어.

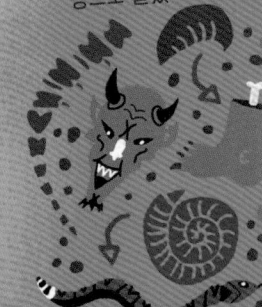

당시에는 화석을 '악마의 발톱', '뱀돌' 등으로 불렀어.

에이다 러브레이스

수학자, 작가

에이다 러브레이스는 '차분 기관'을 처음 본 순간 마음을 빼앗겼다. 톱니바퀴로 가득한 이 거대한 계산기는 초기 컴퓨터의 선구자인 찰스 배비지가 발명한 것이다. 1833년에 배비지를 만난 에이다는 그와 함께 일하기 위해 온갖 노력을 다했다.

에이다는 아주 어렸을 때부터 수학과 사랑에 빠졌다. 에이다의 어머니 앤 이사벨라 밀뱅크는 '평행사변형의 공주'라는 별명을 얻을 만큼 수학에 조예가 깊었다. 그는 딸에게도 제대로 된 교육을 시키고 싶어 했다. 에이다의 아버지는 유명한 시인인 바이런 경이다. 야성적인 기질을 가진 바이런은 탁월한 시인이었지만 가정에서는 형편없는 남편이었다. 에이다의 어머니는 에이다가 태어난 뒤 결국 남편을 떠났고, 딸에게 엄격한 수학 교육을 시키기 시작했다.

찰스 배비지를 만났을 때의 에이다는 집요한 성격을 가진 17세 소녀였다. 에이다는 배비지에게 자신을 제자로 받아들여 달라고 간청했으나, 배비지는 더욱 개량된 기계를 고안해 내느라 바빴다. 그러던 중 에이다는 스위스 학회지에서 배비지가 새롭게 내놓은 '해석 기관'에 대한 논문을 보았다. 에이다는 배비지에게 좋은 인상을 남길 기회가 왔다고 생각했다.

그 논문은 프랑스어로 쓰여 있었다. 프랑스어를 할 줄 아는 에이다는 배비지의 논문을 영어로 번역하고 거기에 자신의 주석을 덧붙여 1843년에 원래 분량보다 두 배나 되는 논문으로 발표했다. 배비지는 이 일로 에이다에게 깊은 인상을 받았고, 결국 두 사람은 함께 일하게 되었다.

에이다는 컴퓨터가 단순한 계산을 넘어, 음악을 작곡하고 인간의 사고를 확장해 주는 세상을 상상했다. 또 천공 카드를 이용해, 해석 기관으로 '베르누이 수'라는 유리수 수열을 순차적으로 구하는 프로그램을 짜기도 했다. 이것은 오늘날 최초의 컴퓨터 프로그램으로 인정받고 있다! 시대를 앞서갔던 에이다는 지금도 많은 사람에게 영감을 주는 존재이다. 에이다 러브레이스라는 이름은 행동을 촉구하는 신호이자, 여성도 기술과 컴퓨터, 프로그래밍 분야에서 위대한 일을 해낼 수 있다는 증거가 되었다.

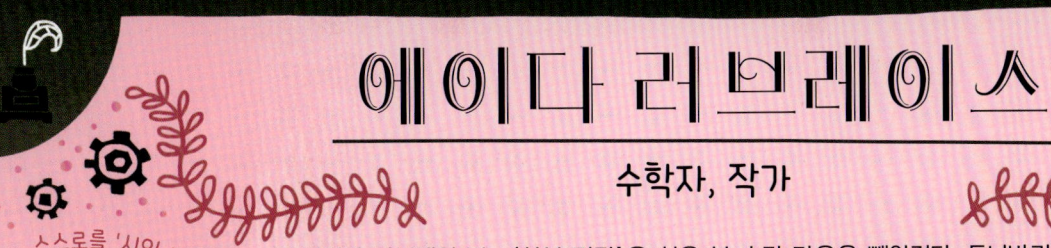

스스로를 '시인 과학자'로 일컬었어.

'러브레이스'라는 성은 남편인 러브레이스 백작 윌리엄 킹의 성을 따른 거야.

'에이다 러브레이스의 날'은 10월 두 번째 화요일이야.

많은 소설과 그래픽노블 속 등장인물의 모델이 되었어.

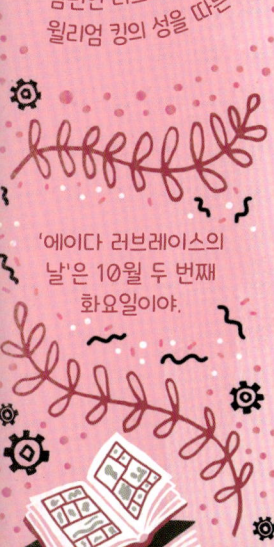

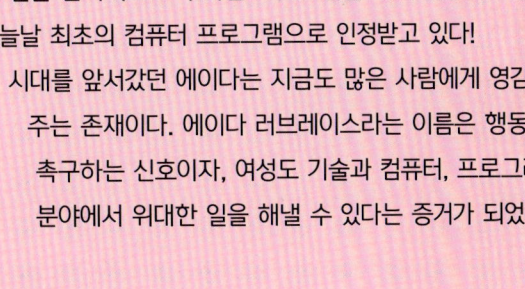

미국 국방부에서 '에이다'라는 이름의 컴퓨터 언어를 만들었어.

찰스 배비지에게 보내는 편지에 자신을 '요정 아가씨'라고 칭했어.

천공 카드를 쓰는 방직기에서 영감을 받아 프로그램을 작성했어.

엘리자베스 블랙웰

의사

엘리자베스 블랙웰이 의학에 관심을 가지게 된 것은 친구가 자궁암으로 추정되는 병으로 죽었을 때부터이다. 친구는 생전에, 만약 여자 의사에게 치료를 받았다면 덜 고통스럽고 덜 괴로웠을 것이라고 말했다. 이 일은 엘리자베스를 미국 최초 여성 의사의 길로 이끌었다.

엘리자베스는 1821년에 노예제 폐지 운동가의 집안에서 태어나, 정의와 평등의 가치를 교육받으며 자랐다. 학교에서 교사로 일하는 동안 엘리자베스는 남자 의사들에게 조언을 구하고 의학 서적을 빌려 읽으며 공부했다. 많은 사람이 불가능할 거라 여겼지만, 엘리자베스는 제네바 의과 대학에 입학했다.

의과 대학은 누구에게나 힘든 곳이지만, 엘리자베스에게는 더욱더 힘든 일이 많았다. 학교에서 눈엣가시였던 엘리자베스는 강의실에서 남학생들과 따로 떨어져 앉아야 했다. 해부학 교수들은 강의를 받으러 온 엘리자베스를 보고 당황했고, 생식을 가르치던 한 교수는 엘리자베스의 '섬세한 감수성'을 보호해야 한다며 강의실을 나가 달라고 요청하기도 했다. 엘리자베스는 반박하며 자리를 지켰다.

여름 방학 동안 엘리자베스는 필라델피아의 한 병원에서 일하며 병원의 비위생적인 환경이 전염병을 오히려 퍼뜨리는 것을 목격했다. 이때의 경험을 바탕으로 청결한 위생이 티푸스의 전염을 막을 수 있다는 주제의 졸업 논문을 썼다. 그리고 1849년 제네바 의과 대학을 학과 수석으로 졸업했다.

엘리자베스의 동생인 에밀리도 의사가 되었다. 두 사람은 1857년에 마리 자크셰브스카 박사와 함께 뉴욕에 극빈층 여성과 어린이를 위한 진료소를 열었다. 이 진료소는 가난한 환자들이 치료를 받고, 여성 의학생과 간호사들이 훈련을 받을 수 있는 장소였다.

1800년대에는 전염병에 대한 지식이 거의 없었고, 오늘날과 달리 손 씻기가 의사의 의무 사항이 아니었다. 의사가 독감에 걸린 환자를 진료한 후 손을 씻지 않고 곧바로 아기를 받는 일도 매우 흔했다. 이는 티푸스 같은 전염병이 퍼지는 원인이 되었다. 엘리자베스는 예방이 치료보다 중요하다는 사실을 깨닫고 병원과 가정의 위생 기준을 높여야 한다고 주장했다. 그는 1868년에 뉴욕 진료소에 속한 여자 의과 대학을 세웠고, 1874년 무렵에는 런던 여자 의과 대학을 세웠다. 엘리자베스는 여성의 귀감이 될 뿐만 아니라 여성이 의사가 될 수 있는 길을 열어 준 인물이다.

자신의 입학 여부를 묻는 학생회 투표에서 재학생들이 장난삼아 찬성표를 던져 준 덕분에 의과 대학에 다닐 수 있었어.

런던 여자 의과 대학에서 부인과 교수를 지냈어.

여성의 권리를 주장하며 여성 의사에게 동등한 기회를 줘야 한다고 주장했어.

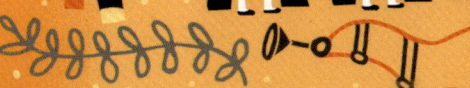
사춘기, 양육, 가족계획 등을 주제로 책을 쓰고 논문을 집필했어.

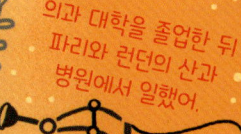
의과 대학을 졸업한 뒤 파리와 런던의 산과 병원에서 일했어.

1849년 임균에 감염된 아기의 눈을 치료하다 병이 옮아 한쪽 시력을 잃었어.

남북 전쟁 때 여동생과 함께 북군 간호사들의 훈련을 도왔어.

런던에서 영국 국가 보건회를 창설했어.

허사 에어턴

엔지니어, 수학자, 발명가

26개의 특허를 등록했어.

1854년 영국에서 피비 사라 마크스라는 여자아이가 태어났다. 활기 넘치는 피비는 친구들에게 독일 신화에 나오는 대지의 여신 헤르타의 이름을 딴 '허사'라는 별명으로 불렸는데, 피비는 그 별명이 너무 마음에 들어서 자신의 이름으로 삼았다. 허사는 단호히 자기 방식대로 살아가려고 애썼다.

허사의 집안은 매우 가난했다. 16살 때 허사는 대학을 포기하고 가정 교사로 일하며 집으로 돈을 부쳤다. 그러다 다행히 영국의 여성 참정권 운동을 이끌었던 보디숑 부인을 만나 학비를 지원받았다. 공과 대학에 들어간 허사는 그곳에서 훗날 남편이자 발명 동료가 되는 윌리엄 에어턴 교수를 만났다.

(왕립학회에서 여성 회원을 정식으로 받기 시작한 건 1940년대였지.)

영국 왕립학회 석학 회원 후보에 오른 첫 번째 여성이야.

1890년대에 가로등이나 극장 조명으로 사용되던 아크등이라는 전등은 불빛이 깜박거리고 칙칙 소리가 나서 골치였다. 윌리엄과 허사는 기술을 개량해서 조용한 조명을 만들고자 했다. 하지만 연구를 진행하던 중 우연히 작업 노트가 몽땅 난롯불에 타 버리는 바람에 처음부터 다시 시작해야 했다. 윌리엄이 집을 비운 동안 허사는 조용하면서도 밝고 깨끗한 빛을 내는 새로운 아크등 전극을 발명했다. 허사는 관련 논문을 출판하고 전기를 주제로 강연을 해서 여성들에게 기회의 문을 열어 주었다. 허사가 아크등을 시연해 보이자, 사람들은 여자가 위험해 보이는 장비를 다룬다며 깜짝 놀랐다!

'에어턴 팬'을 발명해 제1차 세계 대전에서 병사들이 독가스를 들이마시지 않게 해 줬어.

허사는 영국 전기 기술자 협회의 첫 번째 여성 회원이 되었다. 하지만 왕립학회는 여성이 연단에 서는 것을 허락하지 않았다. 1902년 허사의 책 《아크방전》이 출판되어 도저히 무시할 수 없는 성공을 거둔 뒤에야 허사가 연단에 서서 논문을 발표하는 것을 허락했다. 나아가 1906년에는 전기에 관해 연구한 공로로 허사에게 휴스 메달을 수여했다.

허사는 정치 활동에도 대담하게 참여했다. 여성이 정치에 참여할 권리를 주장하는 여성 참정권 운동을 소리 높여 지지했고, 단식 투쟁에 나선 여성 운동가들을 돕기도 했다. 1911년에는 인구 조사 거부 투쟁에 참여해, 인구 조사서의 빈칸을 채우는 대신 조사서에다 여성 참정권을 요구하는 열렬한 편지를 쓰기도 했다!

허사는 특별한 재능으로 어느 곳에서든 여성이 '위험한' 기계를 다루며 위대한 발명을 해낼 수 있는 길을 닦아 주었다!

건축가들이 도면을 그릴 때 사용하는 디바이더를 발명했어.

여성의 힘!
마리 퀴리와 친한 친구 사이였어.

바람의 움직임과 물의 소용돌이를 연구했어.

친구이자 후원자인 바버라 보디숑 부인의 이름을 따서 아이 이름을 지었어.

카렌 호나이

정신 분석학자

카렌 호나이는 1885년 독일에서 태어났다. 1900년대 초는 마음의 작동 원리를 연구하는 심리학이 새로운 사회 과학으로 떠오르던 시기였다. 정신 분석학의 아버지라 불리는 지크문트 프로이트의 이론은 당시 모든 진료 활동의 바탕이었다. 프로이트의 이론은 대체로 남성의 심리에 초점이 맞춰져 있었고, 여성은 남성이 되기를 소망하는 '남근 선망'으로 고통 받는다고 가정했다.

카렌은 여러 대학교에서 의학을 공부한 뒤 베를린 대학교에서 학위를 받았다. 카렌은 우울증을 극복하기 위해 심리학을 공부하게 되었다. 정신 분석학자 카를 아브라함에게서 정신 분석을 받다가 그의 제자가 되었고, 프로이트의 이론을 속속들이 공부했다. 카렌은 1920년부터 진료 활동을 시작하면서 베를린 정신 분석 연구소에서 공식 강사로 일했다. 많은 임상 연구를 진행하는 동안 카렌은 환자들에게서 프로이트 이론에 맞지 않는 행동들을 관찰했다. 카렌은 결국 자신이 배운 모든 것에 반기를 들었다.

카렌은 사회가 여성들이 아무런 힘도 갖지 못하게 하고 오직 남편과 아이에 의지해 살아가도록 강요한다고 주장했다. 그리고 여자는 남자가 되고 싶어 하는 것이 아니라 단지 남자가 지닌 독립성을 바라는 것이라는 이론을 세웠다. 또 개인의 자아 존중감도 사회적인 영향 아래에서 형성된다고 주장했다. 이러한 카렌의 이론은 여성주의 심리학이 탄생하는 기반이 되었다.

카렌은 1932년에 미국으로 건너가 신사회 연구소(현재의 뉴스쿨 대학교)와 뉴욕 정신 분석 연구소에서 일했다. 미국에서 카렌은 신경증에 대한 새로운 이론을 창시했다. 카렌은 불안이 단지 생물학적 충동만이 아니라 우리가 자라나는 환경에 의해서도 생겨난다는 것을 깨달았다. 카렌의 신프로이트식 치료법에 따르면 사람들은 스스로 자신의 불안을 다스리는 법을 배울 수 있으므로, 궁극적으로는 치료가 필요하지 않다. 이 주장은 프로이트의 이론을 정면으로 반박하는 것이었기에 거센 역풍을 맞았다. 결국 카렌은 1941년에 뉴욕 정신 분석 연구소를 떠나게 되었다. 하지만 카렌은 계속해서 수많은 책과 논문을 썼고, 정신 분석 발전 협회를 설립하기도 했다.

카렌 호나이는 우리가 자신과 사회, 불안에 대해 새로운 방식으로 생각할 수 있게 해 주었다. 카렌은 오늘날에도 가장 영향력 있는 심리학자 가운데 한 사람으로 꼽히고 있다.

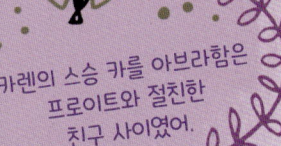

카렌의 스승 카를 아브라함은 프로이트와 절친한 친구 사이였어.

《미국 정신 분석 학회지》를 창간했어.

미국 정신 분석 연구소를 설립하고 초대 학장이 되었어.

《우리 시대는 신경증일까?》를 비롯해 많은 책을 썼어.

'자궁 선망'이라는 용어를 만들었어.

뉴욕에 카렌의 이름을 딴 진료소가 있어.

네티 스티븐스

유전학자

네티 스티븐스는 1861년 미국 버몬트주에서 태어났다. 네티는 학비를 마련하기 위해 허리띠를 졸라매는 생활을 했고, 오랫동안 교사로 일하면서 돈을 모았다. 짧지만 획기적인 연구 경력을 남기기까지, 네티는 아주 먼 길을 거쳐야 했다. 네티는 캘리포니아주에 새로 문을 연 스탠퍼드 대학교에 입학해서 늦은 나이에 학부 과정을 마쳤다. 석사 학위를 받고 나서는 유전학을 연구하기 위해 다시 동부로 돌아가 브린마 대학교에서 41세의 나이로 박사 학위를 받았다. 당시 유전학계에서 중요하게 여기는 문제가 있었다. 왜 어떤 아기는 남자로 태어나고, 어떤 아기는 여자로 태어나는가? 당시만 해도 태아의 성별이 어떻게 결정되는가는 알 수 없는 수수께끼였다. 몇백 년 동안 의사들은 산모가 임신 중에 무엇을 먹느냐, 또는 몸을 얼마나 따뜻하게 하느냐에 따라 아기의 성이 결정된다고 생각했다. 하지만 네티를 비롯한 몇몇 과학자들은 아기의 성을 결정하는 데에는 다른 요인이 있으리라고 보았다.

네티는 곤충을 해부하면서 연구를 시작했다. 나비와 거저리의 생식기를 떼어 현미경으로 세포를 관찰해 보니, 수컷 곤충에게는 XY 모양의 염색체가, 암컷에게는 XX 모양의 염색체가 있었다.

네티는 이러한 관찰을 바탕으로 가설을 세우고, 완벽한 기술과 다양한 곤충을 활용해 가설을 뒷받침했다. 그리고 1905년, 수백 년 동안 이어져 온 잘못된 지식을 바로잡는 획기적인 연구 결과를 세상에 내 놓았다. 비슷한 시기에 네티의 옛 지도 교수였던 에드먼드 윌슨도 독자적인 방법으로 XY 염색체를 발견했다. 하지만 네티의 연구가 더 탄탄했다. 네티는 자신이 발견한 것이 과학적으로 옳다고 굳게 믿었지만, 대중의 반응은 회의적이었다. 불행히도 1912년에 유방암으로 때 이른 죽음을 맞는 바람에, 네티는 제대로 평가받지도 못하고 잊혔다. 하지만 오늘날 사람들은 네티 스티븐스를 성 결정과 유전학에 대한 과학적 이해를 높인 인물로 인정하고 있다.

초파리와 딱정벌레를 유전 연구에 이용했어.

아버지는 목수였어.

연구 결과를 《정자 형성 연구》라는 두 권짜리 책으로 출간했어.

이탈리아와 독일에서 세포학을 공부했어.

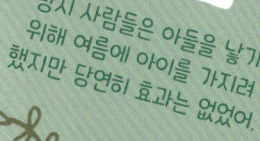

당시 사람들은 아들을 낳기 위해 여름에 아이를 가지려 했지만 당연히 효과는 없었어.

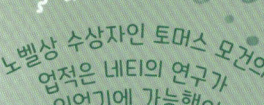

노벨상 수상자인 토머스 모건의 업적은 네티의 연구가 있었기에 가능했어.

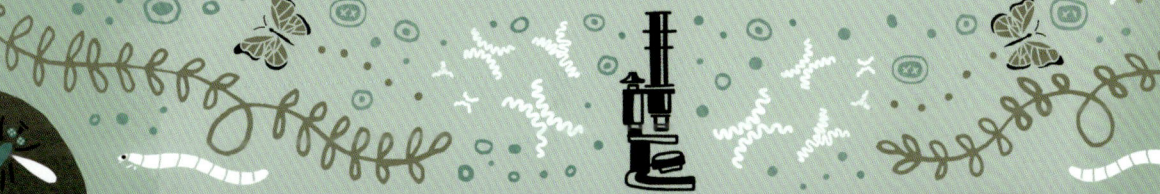

미국 지질조사국에서 일한 첫 번째 여성이야.

당대의 거의 모든 여성 지질학자를 길러 낸 장본인이야.

피드몬트 구릉 지대의 전문가였어.

"오늘날 지질학 분야에서 남성들과 어깨를 나란히 하며 최고의 업적을 이루어 낸 여성들 가운데 나의 제자들이 보인다는 사실에 큰 자부심을 느낀다." - 플로렌스 배스컴

플로렌스 배스컴

지질학자, 교육자

플로렌스 배스컴은 1862년 미국 매사추세츠주에서 태어났다. 플로렌스의 아버지는 언제나 딸의 교육을 장려했다. 플로렌스가 암석에 흥미를 가지게 된 것도 아버지와 아버지의 지질학자 친구와 함께 떠난 자동차 여행에서였다.

1893년에 플로렌스는 존스홉킨스 대학교에서 여성 최초로 박사 학위를 받았다. 쉽게 이루어 낸 성과는 아니었다. 플로렌스는 남학생들의 정신을 산란하게 해서는 안 된다는 이유로 칸막이 커튼 뒤에서 수업을 받아야 했다. 부당한 대우를 받으면서도 플로렌스는 학문에 심취했고, 미국에서 지질학으로 박사 학위를 받은 두 번째 여성이 되었다. 그 뒤로도 플로렌스는 계속해서 많은 여성 지질학자들의 본보기가 되었다.

암석 분야의 권위자가 된 플로렌스는 화학적 구성과 광물 성분에 따라 암석을 분류하는 데 매우 뛰어났다. 암석의 지층을 연구하면 우리가 사는 지구의 표면이 어떻게 만들어지고 변화해 왔는지 이해할 수 있다. 플로렌스는 전문 지식을 발휘해 모두가 퇴적암이라고 생각했던 한 암석이 사실은 용암 때문에 생긴 것이라는 사실을 증명하고 이를 학위 논문으로 발표했다.

플로렌스는 1895년부터 여자 대학인 브린마 대학교에서 연구와 강의를 시작했다. 플로렌스는 브린마 대학교에 처음으로 지질학과를 개설했는데, 이 학과의 교육 과정은 미국 전역에서 최고로 손꼽혔다. 1928년에 플로렌스가 교단에서 물러날 때까지 미국의 거의 모든 여성 지질학자가 플로렌스의 강의실을 거쳐 갔다. 여자 대학에서 일한 덕분에 플로렌스는 다른 곳에서라면 얻지 못했을 연구 기회를 많이 얻었다. 플로렌스는 학교에서는 엄격한 스승이었고, 지질조사국에서는 중요한 현장 작업을 수행하는 유능한 인재였다. 브린마 대학교에서 플로렌스는 지형학을 집중적으로 연구했다. 지형학은 지구의 지형이 수천, 수만 년 동안 어떻게 변화해 왔는지를 연구하는 학문이다. 플로렌스는 애팔래치아 산맥의 구릉 지대를 주로 연구했다. 플로렌스가 만든 뉴저지주와 펜실베이니아주의 주요 지형도는 오늘날까지 활용되고 있다. 지질학의 세계를 뒤흔든 플로렌스 배스컴! 플로렌스가 남긴 업적과 지도는 여전히 지질학계에 영향력을 미치고 있다.

미국 지질학회의 첫 여성 회원이었어.

《미국 지리학자》의 부편집장이었어.

화석과 암석을 모아 두는 저장고에서 일했어.

1906년에 발행된 《미국 과학인 인명록》 초판에서 별 4개를 받았어.

필라델피아주의 수자원을 연구했어.

40여 편의 과학 논문을 발표했어.

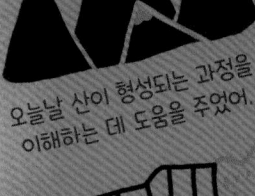
오늘날 산이 형성되는 과정을 이해하는 데 도움을 주었어.

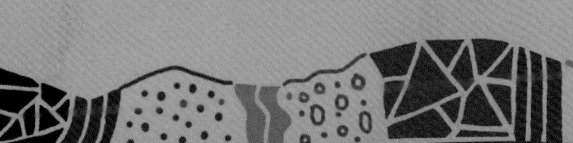

마리 퀴리

물리학자, 화학자

마리 퀴리는 1867년 폴란드 바르샤바에서 태어났다. 마리와 언니는 번갈아 가며 서로의 학비를 마련해 주었다. 마리가 먼저 가정 교사로 일하며 언니를 도와준 뒤, 언니가 졸업하자 마리도 공부를 시작했다. 마리는 프랑스 파리로 가서 소르본 대학교를 다니며 동료 과학자이자 사랑하는 남편 피에르 퀴리를 만났다.

과학자 앙리 베크렐이 우라늄염에서 나오는 신비한 빛을 발견했을 때, 과학자들은 그다지 큰 관심을 보이지 않았다. 하지만 마리는 그 빛에 매료되어, 그것이 무엇이고 왜 그런 일이 생기는지 궁금해 했다. 마리와 피에르는 환기도 잘 되지 않는 창고에서 연구를 시작했다. 마리는 피에르가 발명한 전류 측정 장치로 이 빛나는 화합물을 조사했고, 화합물에서 생성되는 에너지가 우라늄 그 자체에서 나온다는 것을 알아냈다!

오늘날 우리는 불안정한 원자핵이 입자와 에너지를 방출한다는 사실을 알고 있다. 마리는 이 현상에 '방사능'이라는 이름을 붙였다. 방사능의 원천을 찾기 위해 마리와 피에르는 섬우라늄석 같은 다른 방사성 광물을 잘게 부수고 걸러 냈다. 그 과정에서 피에르와 마리는 두 개의 새로운 방사성 원소, 폴로늄과 라듐을 발견했다. 두 사람은 방사능을 발견한 공로로 1903년에 노벨 물리학상을 공동 수상했다. 나아가 마리는 1911년에 폴로늄과 라듐을 발견하고 연구한 공로로 노벨 화학상까지 거머쥐었다.

피에르와 마리는 호흡이 척척 맞았다. 하지만 두 사람은 오랫동안 방사능에 노출되어 늘 몸이 아프고 피곤했다. 피에르는 자기 팔에 대고 라듐을 시험하다가 큰 화상을 입기도 했다. 두 사람은 줄곧 방사능 피폭이라는 치명적인 위험 속에 있었던 것이다.

1906년 피에르가 마차 사고로 세상을 떠났다. 하지만 남편을 잃은 슬픔도, 위험한 환경도 마리를 막지 못했다. 마리는 라듐이 암 치료제로 쓰일 수 있다는 사실을 발견하고는, 라듐이 붕괴될 때 생기는 라돈 가스를 몇 시간씩 모아 병원으로 보내곤 했다. 그러고 나면 쓰러질 것처럼 몸이 안 좋았다.

1914년에 제1차 세계 대전이 벌어져 프랑스가 침략을 당하자, 마리는 딸 이렌과 함께 의료용 X선 장비를 갖춘 트럭 부대를 만들었다. 두 사람은 트럭을 몰고 용감하게 전장으로 뛰어들어 부상병을 보살폈다.

마리 퀴리는 진정한 과학자였고, 세상에 필요한 일이라면 위험을 무릅쓰고 뛰어들었다. 마리 퀴리의 삶과 업적은 오늘날까지도 과학자들의 귀감이 되고 있다.

서로 다른 두 학문 분야에서 노벨상을 수상한 유일한 인물이야.

'방사능'이라는 말을 만들었어.

마리의 연구 자료는 지금도 방사능을 내뿜기 때문에 납을 깐 상자에 보관해.

빛나는 라듐 유리병을 주머니에 넣고 다니는 위험한 버릇이 있었어.

피에르의 자리를 이어받아 소르본 대학교에서 최초로 여성 교수가 되었어.

메리 애그니스 체이스

식물학자, 여성 참정권 운동가

메리 애그니스 체이스는 체구는 작지만 투지가 넘치는 사람이었다. 메리는 1869년 미국 일라노이주 이로쿼이 카운티에서 태어나 시카고에서 성장기를 보냈다. 중등학교를 졸업하고 가계를 돕기 위해 일을 하면서 틈틈이 식물학을 공부했다. 비록 정규 교육을 받은 적은 없지만 이곳저곳을 여행하며 식물을 스케치하고, 얼마 안 되는 저금을 털어 시카고 대학교와 루이스 대학교에서 식물학 강좌를 듣기도 했다. 또 식물학자 엘스워스 제롬 힐 목사 밑에서 일하며 지도를 받았고, 그 보답으로 힐 목사의 논문에 들어갈 식물 그림을 그려 주었다.

뛰어난 그림 실력 덕분에 메리는 시카고의 필드 자연사 박물관에서 시간제 일자리를 얻을 수 있었다. 박물관에서 펴내는 출판물에 삽화를 그리는 과학 화가로 일하게 된 것이다. 이 일은 정확한 묘사가 필요했기 때문에 메리는 현미경 다루는 법과 과학 삽화 그리는 법을 배웠다. 새로운 기술을 갖춘 그는 1903년부터 미국 농무부에서 본격적으로 삽화가로 근무했다.

농무부에서 메리는 식물학자 앨버트 히치콕의 조수로 일했다. 두 사람은 북아메리카와 남아메리카를 돌아다니며 풀을 수집하고 분류했다. 1935년에 히치콕이 세상을 떠나자 메리는 초지 분류학을 담당하는 수석 식물학자가 되었다. 메리는 남자 동료들과 달리 출장비를 받지 못하는 경우가 많았지만, 실험실에 머무르지 않고 자비를 들여 미국과 남아메리카를 두루 여행했다. 메리는 전 세계에서 수많은 풀을 새로이 발견하고 그에 관한 많은 책을 썼다.

메리는 풀을 '토양을 붙잡아 주는 식물'이라고 불렀고, 어떤 풀이 가축에게 먹이기 좋은지 알았다. 앨버트 히치콕과 일할 때에는 풀 품종을 개량해 판매하는 회사들이 과장 광고를 하지 않는지 검사하기도 했다. 오늘날 우리가 식량으로 삼는 작물 중에는 메리의 연구를 통해 알려진 것들이 많다.

메리는 여성 참정권 운동가이기도 했다. 그 때문에 미국 농무부에서 해고 위협을 받기도 했지만, 그래도 메리는 꿋꿋하게 여성의 참정권을 주장했다. 1918년에는 단식 투쟁에 참여하다가 감옥에 갇혀 강제로 음식물을 주입받기도 했다. 메리 같은 사람들의 희생으로 마침내 여성은 1920년에 투표권을 얻을 수 있었다.

메리는 줄곧 농무부에서 일하다가 1939년에 은퇴했다. 그 뒤 1963년에 세상을 떠날 때까지 스미스소니언 박물관의 명예 학예사를 지냈다. 메리의 연구 자료는 스미스소니언 박물관에 보관되어 지금까지도 계속 활용되고 있다.

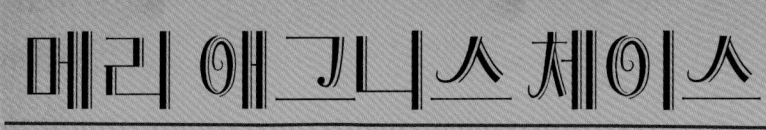

가축 시장, 식료품 가게, 잡지 출판사에서 허드렛일을 했어.

《처음 읽는 풀: 초심자를 위해 해설한 풀의 구조》의 저자이자 삽화가였어.

일리노이 대학교에서 명예 학위를 받았어.

전미 유색 인종 지위 향상 협회 회원으로 왕성하게 활동했어.

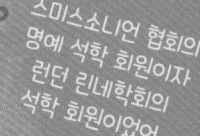
스미스소니언 협회의 명예 석학 회원이자 런던 린네학회의 석학 회원이었어.

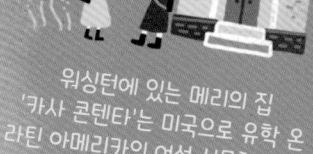
워싱턴에 있는 메리의 집 '카사 콘텐타'는 미국으로 유학 온 라틴 아메리카의 여성 식물학자들이 머무르던 장소야.

전 세계 1만 종이 넘는 풀을 수집했어.

여성 과학사 연표

역사 속에서 과학의 길을 추구한 여성들은 많은 장애물에 가로막혔다.
고등 교육을 받지 못하거나 남자보다 적은 임금을 받는 것은 수많은 장애물 중 일부에 지나지 않았다.
역사의 이정표를 돌아보며 여성들이 과학 분야에서 성취한 업적을 되짚어 보자.

1828
천문학자 캐롤라인 허셜이 오빠 윌리엄과 함께 수많은 성운을 발견하고 정리한 공로를 인정받아 여성 최초로 영국왕립 천문학회에서 수여하는 금메달을 받았다.

1833
오벌린 대학이 미국에서 처음으로 여학생을 받아들였다.

1903
마리 퀴리가 여성 최초로 노벨상을 수상했다.

1947
마리 달리가 아프리카계 미국 여성 최초로 화학 박사 학위를 받았다.

1955-72
미국과 소련의 우주 개발 경쟁이 급격한 기술 혁신을 가져오고 여성과 남성 모두에게 기회를 넓혀 주었다.

1963
발렌티나 테레시코바가 최초의 여성 우주인이 되었다.

400 AD
알렉산드리아의 히파티아가 최초의 여성 수학자로 기록되었다.

1678
엘레나 피스코피아가 세계 최초로 박사 학위를 받은 여성이 되었다.

1715
시빌라 매스터스가 미국에서 옥수수의 낟알을 떨어서 가공하는 새로운 방법을 발명해 여성 최초로 특허를 받았다.

1920
미국에서 수정 헌법 제19조가 비준되어 여성들이 투표권을 얻었다.

1939-45
제2차 세계 대전이 벌어져 남자들이 전장에 나가 있는 동안 여자들이 새로운 인력으로 떠올랐다. 여성 과학자들도 자신의 능력을 보여 줄 새로운 기회를 얻었다.

1946
전원 여성으로 구성된 팀이 최초의 완전 전자식 컴퓨터인 '에니악'의 첫 번째 프로그램을 만들었다.

1963
미국에서 동일한 업무를 하는 남성과 여성이 동일한 임금을 받도록 하는 평등 임금법이 통과되어 여성과 남성의 임금 격차를 줄이는 데 도움을 주었다. 평등한 임금을 위한 투쟁은 지금도 진행 중이다.

1964
미국의 민권법이 여러 형태의 차별을 불법으로 규정하면서 학교와 직장의 인종 분리를 종식시키고 아프리카계 미국인에게 더 많은 기회를 열어 주었다.

현재
어느 때보다 많은 여성이 열심히 발명하고, 발견하며, 미지의 세계를 탐구하고 있다.

리제 마이트너
물리학자

리제는 독일의 마리 퀴리라고 불려!

알베르트 아인슈타인과 아는 사이였어.

제1차 세계 대전 중에 X선 간호사로 일하며 오스트리아를 도왔어.

핵분열 실험에서 얻는 에너지는 TNT 폭약보다 2000만 배나 강력해.

리제 마이트너는 1878년에 태어났다. 당시의 여느 유대인 가족들처럼 리제의 가족도 오스트리아 빈에서 행복하게 살았다. 리제는 과학을 무척 좋아했지만, 여자가 교육을 받으려면 싸워서 얻어 내야 한다는 사실을 알고 있었다. 박사 학위를 받은 리제는 1907년부터 독일 베를린의 화학 연구소에서 일했다. 그곳에서 만난 오토 한은 평생 동안 연구 동료가 되었다. 리제는 명석한 인재였지만 여자라는 이유로 임금을 받지 못했고, 실험실은 물론이고 화장실조차 이용할 수 없었다. 독일 정부가 공식적으로 여성에게 대학의 문을 열어 줄 때까지 리제는 줄곧 습기 찬 지하실에서 방사 화학 연구를 했다.

1934년 무렵, 과학자들은 새로운 중원소를 발견하는 데 집중하고 있었다. 리제와 오토는 중성자를 우라늄에 부딪치게 해서 인공적으로 새로운 원소를 만들어 내려 했다. 새로운 발견의 순간이 바로 눈앞에 다가오고 있었다. 하지만 나치가 권력을 잡으면서 유대인 리제는 연구를 중단하고 독일을 떠나야 했다. 1938년 리제는 무거운 가슴을 안고 스웨덴으로 떠났고, 오토는 독일에 남아 연구를 계속했다.

그 뒤 리제와 오토는 몰래 편지를 주고받으며 연구에 대해 토론을 나누었다. 오토가 실험의 결과를 이해하지 못해 애를 먹을 때, 리제는 그 실험에서 새로운 원소가 생겨난 것이 아니라 원자의 핵이 갈라지면서 에너지를 방출한 것이라는 사실을 깨달았다. 핵분열, 즉 핵에너지를 방출하는 핵반응을 발견한 것이다.

하지만 리제는 독일로 돌아갈 수 없었다. 이 연구로 오토는 1944년에 노벨 화학상을 받았지만 리제는 수상에서 제외되었다. 리제는 독일이 유대인들에게 저지른 짓을 용서할 수 없어서 다시는 독일에서 연구를 하지 않았다.

노벨상에서는 제외되었지만 리제는 다른 많은 수상을 통해 업적을 인정받았다. 리제가 쓴 핵분열에 관한 논문은 전 세계 사람들에게 읽혔다. 리제 마이트너의 명석한 지성은 인간에게 새로운 형태의 에너지를 안겨 주며 물리학의 판도를 바꿔 놓았다.

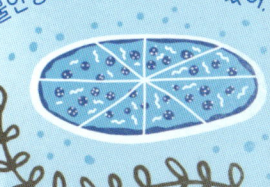
109 Mt
'마이트너륨'의 이름은 리제의 성에서 따왔어.

늘어나는 피자 반죽처럼 원자핵이 불안정할 수도 있다고 생각했어.

물리학자 닐스 보어의 도움으로 독일을 탈출했어.

1946년 미국에서 올해의 여성으로 선정되어 트루먼 대통령과 식사를 했어.

릴리언 길브레스

심리학자, 산업 공학자

릴리언 길브레스는 1878년에 미국에서 태어났다. 릴리언의 집은 아이들이 아홉 명이나 되는 대가족이었다. 어릴 때부터 공부에 흥미가 있었던 릴리언은 캘리포니아 대학교 버클리 캠퍼스에 진학해 문학 석사 학위를 마쳤다.

릴리언은 박사 과정을 밟던 중에 프랭크 길브레스를 만났다. 릴리언은 프랭크가 몰두하던 '작업장 효율'이라는 주제에 흥미를 느꼈다. 그래서 전공을 문학에서 심리학으로 바꾸고, 〈경영 심리학〉이라는 학위 논문을 썼다. 이 논문은 인간관계가 작업자에게 미치는 영향을 다룬 최초의 조직 심리학 연구 결과였다. 릴리언은 1915년에 브라운 대학교에서 박사 학위를 받았다.

릴리언과 프랭크는 함께 컨설팅 사업을 꾸려 나갔다. 두 사람은 벽돌 쌓기나 장비 나르기 같은 단순한 작업을 분석하고, 불필요한 동작을 없애 작업자가 더 빠르고 쉽게 일할 수 있게 했다.

릴리언은 작업 동작과 피로도를 주제로 한 책도 많이 썼다. 혼자 집필할 때도 있고 프랭크와 공동 집필할 때도 있었는데, 두 사람이 함께 책을 써도 프랭크만 저자로 이름을 올리는 경우가 많았다. 출판사에서 남자 작가 이름만 쓰는 것이 권위와 신뢰를 더 높인다고 생각했기 때문이다.

1924년에 프랭크가 세상을 떠난 뒤 릴리언은 혼자서 회사를 운영했다. 고객 중에는 여자에게 공장 운영에 관한 조언을 듣는 것을 달가워하지 않는 사람이 많았다. 여자가 있을 자리는 부엌이라고 여겼기 때문이다.

하는 수 없이 릴리언은 전업주부에게로 눈을 돌렸다. 그 시절 여자들은 온종일 부엌일과 청소에 매달렸다. 집안일은 허리가 휘어지는 중노동이었다. 릴리언은 인간 공학과 동작 연구를 응용해 주부들의 수고를 덜어 주고 싶었다. 릴리언은 주방 도구를 개량하고 부엌의 구조를 바꾸어 가사 노동 시간을 하루 온종일에서 몇 시간으로 줄였다. 덕분에 미국의 여성들은 자신만의 여가 시간을 더 많이 누릴 수 있었다.

릴리언은 계속 회사를 운영하면서 다양한 분야의 고객을 상대했다. 대공황 시기에는 대통령 직속의 실업 구제 기구에서 일하며 일자리를 만들어 내기도 했다.

주위를 둘러보면 릴리언 길브레스가 우리의 시간을 아껴 주기 위해 만들어 낸 것들을 곳곳에서 찾아볼 수 있다. 인간 공학을 적용한 책상도 있고, 싱크대에서 가스레인지까지의 거리를 결정하는 '작업 삼각형'도 있다. 릴리언 길브레스의 업적은 우리의 일상생활 깊숙이 들어와 있다.

열두 명의 자녀들과 일의 효율성을 높이는 새로운 기법들을 실험했어.

동작의 기본 단위를 '서블리그(Therblig)'라고 이름 지었어. 자신의 성 '길브레스(Gilberth)'를 거꾸로 쓴 거야.

발로 밟아 여는 쓰레기통과 냉장고 선반을 발명했어.

딸기 케이크를 만들며 새로운 주방 구조를 시험했어.

인간 공학 지식을 이용해 장애인들이 일자리를 찾을 수 있게 도왔어.

많은 명예 학위를 받았어.

'경영학의 퍼스트레이디'란 별명을 얻었어.

에미 뇌터

수학자

에미 뇌터는 1882년 독일에서 태어났다. 수학자 집안에서 자란 에미는 아버지와 남동생들처럼 수학 공부를 하고 싶어 했다. 당시 독일에서는 여성이 고등 교육을 받는 것을 법으로 금지했다. 그래서 에미는 청강생으로 강의실 뒷자리에서 강의를 들었다. 그렇게 학점도 인정받지 못하면서 2년 넘게 청강을 하고 나서야 정식 학생으로 인정받을 수 있었다.

아버지인 막스 뇌터도 중요한 수학자야.

에미는 에를랑겐 대학교에서 비공식 강사로 일하며 이따금 아버지의 강의를 대신 맡았지만, 아무런 직책도 없고 봉급도 전혀 받지 못했다. 하지만 에미가 발표한 여섯 편의 논문과 외국에서 한 연설이 널리 퍼져 물리학계에 파장을 일으키기 시작했다. 그러다 1915년 무렵에 괴팅겐 대학교의 알베르트 아인슈타인 팀에서 에미를 고용해 일반 상대성 이론을 발전시키는 일을 돕게 했다. 아인슈타인은 에미의 아군이 되어 언제나 에미의 편에 서 주었다.

에미는 괴팅겐 대학교에서 7년이나 무급으로 일하고 나서야 봉급을 받게 되었다. 그마저도 교수들 가운데 가장 적은 급료였다. 제대로 평가받지 못하는 와중에도 에미는 오늘날 물리학을 이해하는 데 중요한 수학 방정식들을 만들었다. 또 집합의 일종인 군과 환에 관한 새로운 개념을 증명하여 추상 대수학 분야에서 발전을 이루었다. 또 에너지와 시간, 각 운동량의 새로운 관계를 정립하기도 했다. 이 모든 업적을 세우면서, 에미는 '뇌터 정리'를 발전시켰다.

에미의 이름을 딴 학교와 달 크레이터가 있어.

나치 정권이 권력을 잡기 시작하자, 유대인인 에미는 목숨이 위태로워졌다. 에미는 유대인이라는 이유로 괴팅겐 대학교에서 해고된 후 집에서 몰래 강의를 계속했다. 그러다 1933년에 미국으로 탈출해 브린마 대학교의 교수가 되었다. 비로소 진짜 직함을 가지고 넉넉한 급료를 받으며 학생들을 가르치게 된 것이다. 하지만 불행히도 18개월 만에 병에 걸려 53세의 나이로 세상을 떠나고 말았다.

에미가 죽은 뒤, 알베르트 아인슈타인은 1935년 〈뉴욕 타임스〉 기고문에서, '뇌터 양은 여성의 고등 교육이 시작된 이래 가장 중요한 천재 수학자였다.'라고 하며 에미를 기렸다.

에미의 유골은 브린마 대학교에 안장되었어.

나치의 박해를 받은 평화주의자였어.

이디스 클라크

전기 공학자

어릴 때 학습 장애가 있어서 읽고 쓰는 것이 어려웠어.

이디스 클라크는 1883년 미국 메릴랜드주에서 태어났다. 이디스는 열두 살이 되기도 전에 부모님이 모두 돌아가시는 비극을 겪었다. 이디스는 부모님이 남겨 준 유산을 대학 학비로 썼고, 전기 공학자가 되겠다고 굳게 결심했다.

배서 대학교에서 학사 학위를 받은 이디스는 한동안 위스콘신 대학교 매디슨 캠퍼스에서 공부했다. 그러다 통신 회사 AT&T에서 '인간 컴퓨터'로 일하면서 학업을 중단했다. 기계 컴퓨터가 등장하기 전에는 공학자와 과학자들을 보조하며 복잡한 수식 계산을 담당하는 사람들을 '컴퓨터'라고 불렀다. 당시에 손으로 계산을 하는 컴퓨팅은 여성의 일로, 엔지니어링은 남성의 일로 여겨졌다.

미국 전기 공학회에서 논문 발표를 허가한 첫 번째 여성이야.

이디스는 중단한 학업을 끝까지 마치기 위해 직장을 그만두고 MIT(매사추세츠 공과 대학)에 입학했다. 그리고 1919년에 MIT에서 전기 공학 석사 학위를 받고 졸업한 최초의 여성이 되었다. 하지만 이디스가 할 수 있는 일은 여전히 수치 계산뿐이었다.

이디스는 제너럴 일렉트릭 사에 들어가 수식 계산과 여성 직원을 교육하는 일을 맡았다. 인간 컴퓨터로 일하는 동안 이디스는 새로운 도식 계산기를 발명했다. 이 계산기는 이디스가 근무 외 시간에 발명한 것이기 때문에 이디스에게 특허권이 있었다. 이디스는 1921년에 특허를 신청했다. 이디스의 발명품 덕분에 쌍곡선 함수가 포함된 방정식도 쉽게 풀 수 있게 되었다. 하지만 회사는 여전히 이디스를 엔지니어로 인정하지 않았고, 결국 이디스는 그해에 직장을 그만두었다. 그 뒤 1년 동안 세계를 여행하며 터키의 콘스탄티노플(현재의 이스탄불)에서 학생들을 가르치기도 했다. 이디스의 빈자리가 컸던지, 제너럴 일렉트릭 사는 1922년에 미국으로 돌아온 이디스를 자사 최초의 여성 전기 공학자로 정식 고용했다.

《교류 전력 시스템의 회로 분석》이라는, 전기 공학 분야에서 중요한 책을 저술했어.

22년 동안 18건의 논문을 발표했어.

이디스의 계산기는 1925년 특허권을 공식 인정받았다. 이디스는 계속해서 더욱 효율적인 방정식 계산법을 만들어 엔지니어들이 복잡한 대규모 전력 시스템을 쉽게 관리할 수 있게 했다. 또 송전선으로 최대한 많은 전력을 보낼 수 있는 방법도 알아냈다. 이디스는 1945년에 제너럴 일렉트릭 사에서 은퇴했고, 텍사스 대학교에서 10년 동안 학생들을 가르쳤다. 1948년에는 그간의 업적을 인정받아 미국 전기 공학회 최초의 여성 석학 회원이 되었다. 이디스 클라크는 여자도 당연히 '남자의 일'을 할 수 있다는 것을 증명한 선구자였다.

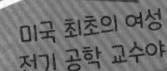
미국 최초의 여성 전기 공학 교수야.

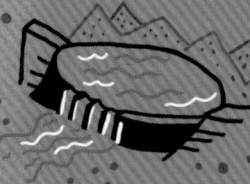
수력 발전용 댐 설계에 참여했어.

1954년 여성 공학자 협회 공로상을 수상했어.

미국 발명가 명예의 전당에 입성했어.

습지 생태계를 바라보는 새로운 시각을 제시했어.

자연 보호, 여성 참정권, 시민권 운동에 힘쓴 활동가야.

'에버글레이즈의 친구들'을 결성했어.

에버글레이즈 국립 공원 설립에 기여했어.

"남자니 여자니 하는 말보다는 시민이라는 말을 더 많이 듣고 싶다." - 매저리 스톤먼 더글러스

매저리 스톤먼 더글러스

작가, 환경 운동가

1940년대 후반에 미국 플로리다주의 에버글레이즈 습지는 그저 간척이 필요한 거대한 골칫덩이 늪지대 정도로만 여겨졌다. 에버글레이즈를 지켜 낸 것은 매저리 스톤먼 더글러스라는 당찬 여성이었다.

매저리는 1890년 미네소타주 미니애폴리스에서 태어나 웰즐리 대학교를 졸업했다. 작가가 되고 싶었던 매저리는 불행한 결혼 생활을 끝낸 뒤 아버지가 일하고 있던 〈마이애미 헤럴드〉 신문사에 일자리를 얻었고, 1915년에 사교계 기자로 첫발을 내디뎠다.

매저리의 아버지는 신문사의 편집장으로서 정치 분야에서 목소리를 내며, 플로리다 주지사의 에버글레이즈 습지 간척 계획을 비판했다. 덕분에 매저리는 말의 힘이 얼마나 강력한지 깨닫고, 자신도 글을 무기 삼아 시민권과 여성 참정권, 환경 보호를 주장하기 시작했다.

매저리는 동료 환경 운동가인 어니스트 코의 제안으로 에버글레이즈를 지키는 운동에 동참했다. 매저리는 '벌레투성이에 축축한' 에버글레이즈 습지에 매료되었다. 그곳은 단순한 늪지대가 아니라 플로리다주 생태계에 결정적인 역할을 하는 하나의 강이었다. 매저리는 1947년에 《에버글레이즈: 풀의 강》이라는 책을 출간하며 널리 이름을 알렸다. 그의 이런 활동은 에버글레이즈 국립 공원이 탄생하는 데 직접적인 영향을 미쳤다.

다행히 정부에서 에버글레이즈를 보호하기 시작했지만, 이번에는 미 육군 공병대가 건설한 농업용 댐과 수로가 생태계를 교란시켰다. 게다가 제트기 비행장 건설까지 추진되어 습지의 생태계가 파괴될 위험에 놓였다. 습지에 대한 전문 지식과 강단으로 무장한 매저리는 1969년에 '에버글레이즈의 친구들'을 창립해 함께 싸워서 공항 건설을 중단시켰다.

매저리는 1990년대에 들어서도 활동을 이어 나갔다. 시력을 거의 잃은 상태에서도 계속 글을 쓰며 에버글레이즈를 위해 싸웠다. 매저리의 에너지와 열정은 사그라질 줄 몰랐다. 1993년에 대통령 자유 훈장을 받은 그는 1998년 108세의 나이로 눈을 감았다.

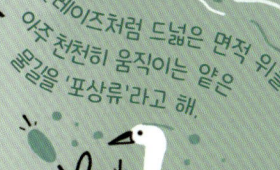
에버글레이즈처럼 드넓은 면적 위를 아주 천천히 움직이는 얕은 물길을 '포상류'라고 해.

챙 넓은 모자와 둥근 선글라스로 유명해.

제1차 세계 대전 때 유럽에서 적십자 간호사로 활동했어.

매저리의 유골은 에버글레이즈 국립 공원에 뿌려졌어.

앨리스 볼

화학자

1892년 미국 시애틀에서 태어난 앨리스는 유명한 사진사였던 할아버지의 암실에서 처음 화학의 신비를 접했다. 앨리스는 워싱턴 대학교에서 정식으로 화학 공부를 시작했고, 하와이로 이주한 후 석사 학위를 땄다. 앨리스는 1915년에 하와이 대학교를 졸업한 최초의 아프리카계 미국인이자 최초의 여성이 되었다.

1900년대 초 '나병'이라고도 부르는 한센병이 번져 사람들의 건강을 심각하게 위협했다. 한센병에 걸리면 몸의 감각이 없어지고, 신체를 영구적으로 변형시키는 피부 병변이 일어나며, 신경과 시력마저 손상된다. 오늘날 우리는 한센병이 어떻게 전염되는지 완전히 알지 못하지만, 한센병의 전염력이 그다지 강하지 않다는 사실은 알고 있다. 하지만 당시 하와이에서는 경찰이 한센병 환자들을 체포해 몰로카이 섬에 있는 칼라우파파 한센병 환자 마을에 격리시켰다.

당시 한센병의 증상을 완화시켜 주는 물질은 딱 하나, 대풍자나무의 씨앗에서 얻을 수 있는 기름인 대풍자유였다. 하지만 이 기름은 걸쭉하고 끈끈해서, 대부분 물로 이루어져 있는 사람의 혈액과 잘 섞이지 않았다. 기름을 몸에 주사하는 것은 효과도 없을 뿐더러 고통스럽기까지 했다. 피부에 바르거나 먹는 방법도 별로 효과가 없었다. 앨리스는 어떻게 하면 대풍자유를, 사람 몸에 주사할 수 있는 적절한 치료제로 만들 수 있을지 연구했다.

앨리스는 23살 때 이 진득한 대풍자유를 처리하는 새로운 방법을 개발했다. 대풍자유의 지방산에 있는 에틸에스테르를 분리시키자 물과 섞일 수 있는 상태가 되어 환자에게 주사할 수 있게 된 것이다. 이 새로운 치료법은 '볼 방식'으로 불리면서 한센병 환자들의 고통을 덜어 주고 전염에 대한 공포로부터 해방시켜 주었다. 1918년 무렵에는 환자들이 가족을 만날 수 있었고, 새로운 환자가 더 이상 섬으로 추방되지 않았다.

앨리스는 1916년 실험실에서 강의를 하던 도중 갑작스레 세상을 떠났다. 실수로 염소 가스를 들이마신 것이 사망 원인으로 추정된다. 안타깝게도 젊은 나이에 세상을 떠났지만, 오늘날 앨리스는 절망적으로만 보였던 질병의 치료법을 발견한 인물로 기억되고 있다.

아버지는 유명한 변호사였어.

1866년부터 20세기에 들어서까지 8000명이 넘는 한센병 환자가 칼라우파파로 추방되었어.

하와이 대학교 교정의 대풍자나무 아래에는 앨리스를 기리는 표석이 있어.

대학 시절 <미국 화학회>에 공동 저자로 논문을 발표했어.

대풍자유는 복용하면 심각한 복통을 일으켰어.

하와이에서는 4년마다 돌아오는 2월 29일을 '앨리스 볼의 날'로 정했어.

1940년대에 항생제가 개발되기 전까지는 앨리스의 치료법만이 한센병에 효과가 있었어.

거티 코리

생화학자

1896년에 체코 프라하에서 태어난 거티는 어릴 때부터 의학으로 사람들을 돕고 싶다는 마음을 품었다. 거티는 프라하 대학교에서 의사 학위를 받고, 자신이 평생 몸담을 생화학을 만났다. 그리고 그곳에서 남편이 될 칼 코리를 만났다.

거티와 칼은 서로를 깊이 사랑하게 되었고, 삶에서도 과학에서도 떼려야 뗄 수 없는 동반자가 되었다. 칼은 아내와 함께 일할 수 없는 직장은 모두 거절했다. 신속하면서도 세세한 데까지 주의를 기울이는 거티는 실험실의 에너지원이었다. 거티와 칼은 아무도 막을 수 없는 한 팀이었다. 두 사람은 함께 일할 수 있는 직장을 찾아 프라하를 떠나 미국으로 갔다.

칼과 거티는 뉴욕주 버펄로에서 인체가 에너지를 사용하는 과정에 대해 연구했다. 두 사람은 그때까지 풀리지 않았던 수수께끼, 즉 세포가 어떻게 당분을 에너지로 사용하는지를 밝혀냈다. 우리의 몸은 포도당을 젖산으로, 또 젖산을 포도당으로 바꾸는 과정을 되풀이하며 에너지를 내거나 몸속에 저장한다. 이 과정을 거티와 칼 코리 부부의 이름을 따서 '코리 회로'라고 부르게 되었다. 거티와 칼은 워싱턴 대학교 의과 대학의 실험실에서 연구를 계속했고, 두 사람의 실험실은 생화학 분야에서 인기 장소가 되었다.

의학계에 크게 공헌한 거티와 칼은 1947년에 노벨 생리 의학상을 공동 수상했다. 얼마 지나지 않아 거티는 골수병을 앓게 되었지만, 계속 실험실에서 일했다. 거티의 몸이 너무 약해져서 실험실 안을 돌아다니지 못할 때에는 칼이 원하는 곳으로 옮겨다 주곤 했다. 두 사람에게 연구보다 더 중요한 것은 서로뿐이었다. 거티는 1957년 61세로 세상을 떠났다.

코리 부부는 합성 글리코겐을 함께 만들었어.

복잡한 고분자 물질을 실험관에서 최초로 합성했어.

코리 부부는 9년 동안 함께 50편의 논문을 발표했어.

당분의 처리와 관련된 효소 및 호르몬을 연구했어.

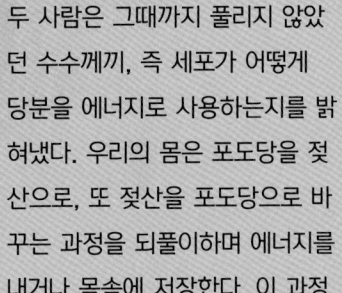

노벨상을 받은 첫 번째 미국인 여성이야.

코리 부부의 실험실은 6명의 또 다른 노벨상 수상자를 배출했어.

당뇨병을 이해하는 데 크게 기여했어.

조앤 비첨 프록터

동물학자

조앤 비첨 프록터는 평생 파충류에 푹 빠져 살았다. 1897년에 영국에서 태어난 조앤은 여성을 가녀린 존재로, 파충류를 이국적이고 위험한 동물로 보던 시대에 성장했다. 늘 병을 달고 살았던 탓에 대학교에 진학할 수는 없었지만, 그래도 좋아하는 동물에 대한 공부를 그만둘 수는 없었다.

조앤은 뱀과 개구리는 물론 심지어 악어까지 길렀다. 그는 19살 때 자신이 기르던 동물을 주제로 논문을 써서 런던 동물 학회에 제출하기도 했다. 조앤은 1917년부터 영국 자연사 박물관의 파충류와 어류 담당자였던 조지 앨버트 불렌저 밑에서 정식 조수로 일했다. 나아가 1923년에는 런던 동물원의 파충류 학예사가 되었고, 오스트레일리아 원산인 '페닌슐라드래곤도마뱀'이라는 새로운 종을 발견했다.

언론에서는 거대한 비단뱀과 도마뱀을 손으로 다루는 작은 체구의 금발 여성을 앞다투어 보도했다. 사람들 눈에는 여자가 파충류들 틈에서 일하는 것이 너무나 특이해 보였던 것이다! 조앤은 처음에는 그저 신기하다는 이유로 유명해졌지만, 이내 세상 사람들은 조앤의 천재적인 재능을 알게 되었다. 조앤은 건축가들과 긴밀하게 협력해서 동물원의 파충류관을 설계했다. 1926년에 완공된 이 파충류관은 파충류에게 쾌적한 환경을 만들어 주는 것을 목표로 설계된 최초의 건물로, 지금까지도 사용되고 있다.

조앤은 양서 파충류학 전문가로 인정받았고, 많은 논문을 발표했다. 조앤은 "동물원 운영의 비결은 동물들이 편히 지낼 수 있는 환경을 만들어 주는 것."이라고 밝혔다. 조앤은 예술적 재능을 활용해 동물원의 환경이 자연 서식지와 비슷한 느낌을 줄 수 있게 꾸몄다. 현장 경험이 풍부하고 동물들과 각별한 관계를 맺어 온 덕분에 수의사로서도 뛰어난 재능을 보였다.

조앤이 파충류를 관리한 뒤로 동물원의 파충류들은 이전보다 수명이 늘어났다. 조앤은 한 마리 한 마리를 개별적으로 구분할 수 있었고, 코모도왕도마뱀을 길들여 애완동물로 삼기도 했다. 그러나 병약한 체질 때문에 결국 조앤은 1931년에 34살의 나이로 세상을 떠났다. 조앤이 남긴 유산은 지금도 런던 동물원에 살아 숨 쉬고 있다.

세실리아 페인가포슈킨

천문학자, 천체 물리학자

1900년에 영국에서 태어난 세실리아 페인가포슈킨은 어릴 때부터 학문과 과학에 열정이 있었다. 세실리아는 케임브리지 대학교에 다니던 시절, 한 강의에서 일식이 아인슈타인의 일반 상대성 이론과 관련이 있다는 사실을 알게 된 뒤로 물리학과 천문학에 빠져들었다.

당시 케임브리지 대학교는 여성에게 많은 기회를 주지 않았고 석사 이상의 학위도 수여하지 않았다. 세실리아는 영국을 떠나 미국 매사추세츠주의 케임브리지로 갔고, 하버드 대학교 천문대에서 연구 장학생 생활을 시작했다. 그리고 그곳에서 태양과 별이 무엇으로 이루어져 있는지 알아냈다.

천체 망원경에 분광기를 부착하면 별을 다른 방식으로 볼 수 있다. 이 장비로 과학자들은 별에서 오는 무지갯빛 색깔 띠, 즉 항성 스펙트럼을 볼 수 있었다. 그리고 무지개 띠에 나타나는 검은 선인 '흡수선'을 분석하면 그 별에 어떤 원소들이 있는지 알 수 있었다.

당시 과학자들은 별의 구성 물질도 지구와 비슷할 것이라 짐작했지만, 세실리아는 그 생각이 틀렸다는 것을 증명했다. 양자 물리학을 공부한 세실리아는 항성 스펙트럼을 새로운 시각으로 바라보았다. 극도로 뜨거운 태양에서 원자가 이온화된다는 것은 이미 알고 있었다. 그렇다면 이온화의 상태에 따라 항성 스펙트럼 상에서 나타나는 흡수선의 형태도 달라질 거라고 생각했다. 이러한 관점으로 세실리아는 이 이온화된 원소들이 무엇인지 알아내는 일에 매달렸다.

세실리아는 태양이 대부분 수소와 헬륨 기체로 이루어져 있다는 것을 발견했다. 이 관측 결과는 논쟁을 불러일으켰고, 권위 있는 천문학자인 헨리 노리스 러셀은 세실리아에게 그런 결과는 "절대 나올 수 없다."라고 말했다. 결국 세실리아는 논문을 마무리하면서 아마 자기가 틀렸을 거라고 덧붙였다. 세실리아는 1925년에 자신의 논문을 《항성 대기》라는 제목의 책으로 펴냈다. 많은 천문학자들이 이 책을 읽었고, 몇 년 후 세실리아가 옳았다는 게 밝혀졌다! 세실리아의 연구는 천문학을 바꾸었고, 과학자들에게 항성 스펙트럼을 분석하는 올바른 방법을 가르쳐 주었다.

하지만 하버드 대학교는 여전히 세실리아를 기술 보조로만 여겼다. 1956년이 되어서야 세실리아는 마침내 하버드 대학교의 첫 번째 여성 천문학 교수가 되었다. 세실리아의 연구 덕분에 우리는 별의 생애 주기와 우주를 더 잘 이해할 수 있게 되었다.

래드클리프 대학교에서 박사 학위를 받았어.

하버드 대학교 천문학과 학과장 자리에 올랐어.

변광성과 신성을 연구했어.

별의 온도를 제대로 '읽어 낸' 최초의 인물이야.

《고광도 항성》이라는 책을 집필했어.

남편 세르게이 가포슈킨과 함께 하버드에서 연구했어.

바버라 매클린톡

세포 유전학자

바버라 매클린톡은 1902년 미국 코네티컷주에서 태어나 뉴욕 시에서 성장기를 보냈다. 바버라는 결코 남들이 정해 놓은 기대치 안에 자신의 능력을 가두지 않았다. 권투와 자전거, 야구를 좋아한 탓에 여자아이들과는 잘 어울리지 못했고, 남자아이들에게는 같이 놀고 싶은 상대가 아니었다. 바버라는 어머니의 바람과는 반대였지만 아버지의 응원을 받으며 코넬 대학교에 들어가 식물학으로 박사 학위를 받았다. 코넬 대학교에서 바버라는 옥수수와 염색체에 관한 혁명적인 연구를 시작했다.

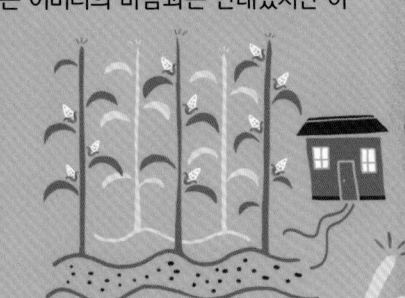

최초로 옥수수의 유전자 지도를 완성했어.

바버라는 1936년에 미주리 대학교로 옮겨 가 유전학 연구를 이어 갔다. 그곳의 많은 남성 연구자들은 씩씩하고, 직설적이고, 자신들보다 훨씬 지적인 바버라에게 조바심을 느꼈다. 학장은 만약 바버라가 결혼을 하거나 같이 일하는 남자 동료가 대학을 떠나면 즉시 바버라를 해고하겠다고 으름장을 놓았다. 바버라는 결국 그곳을 나와 꿈의 직장을 찾아 떠났다.

당시 대부분의 과학자들은 시대를 너무 앞서간 바버라의 연구 기법을 이해하지 못했어.

바버라는 뉴욕주의 콜드스프링하버 연구소에서 다시 연구를 시작했다. 바버라는 옥수수가 유전학을 탐구하기에 안성맞춤이라는 것을 잘 알고 있었다. 한 그루에서 서로 다른 색깔의 옥수수 알갱이가 자라는 현상은 바버라를 매료시켰다. 바버라는 옥수수밭을 일구며 몇 시간 동안 현미경으로 옥수수 세포를 들여다보았다. 그 결과 색깔이 다른 옥수수 알갱이들은 같은 유전자를 지니고 있지만 유전자의 배열 순서가 다르다는 것을 발견했다. 이는 유전자가 염색체 안에서 다른 곳으로 '도약'할 수 있으며, 마치 스위치가 달린 것처럼 기능을 끄고 켤 수 있다는 뜻이었다. 이 도약하는 유전자, 즉 '트랜스포존'은 세상이 왜 이렇게 다양한지, 사람과 동물과 식물이 어떻게 환경에 반응해 진화하는지 설명해 주는 열쇠가 되었다.

바버라는 1951년 콜드스프링하버 학술 토론회에서 자신이 발견한 것에 대해 강연했다. 당시에는 아무도 바버라의 말을 믿지 않았지만, 바버라는 "자신이 옳다는 것을 알면 아무래도 상관없다."라고 생각했다. 과학계는 거의 20년이 지나서야 바버라를 따라잡았고, 바버라는 도약 유전자를 발견한 지 30여 년이 지난 1983년에 노벨 생리 의학상을 수상했다. 바버라가 남긴 업적들은 지금도 유전학 분야에서 가장 위대한 발견으로 손꼽히고 있다.

미국 유전학회의 첫 번째 여성 회장이야.

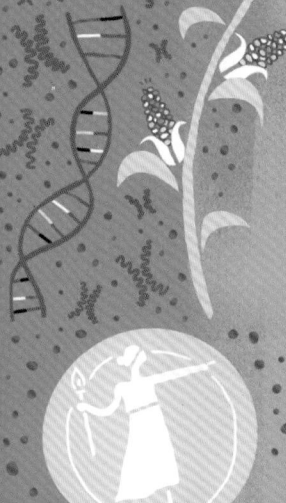

미국 국립 과학 아카데미 회원으로 선출되었어.

당시 치마를 입던 많은 여성들과 달리 늘 바지를 입고 다니고, 학생들과 함께 늦게까지 연구했기 때문에 미주리 대학교에서 골칫덩이 취급을 받았어.

마리아 거트루드 메이어

이론 물리학자

마리아 거투르드 메이어는 평생 동안 거의 돈을 받지 못하고 일했다. 그런 상황에서도 마리아는 우주의 커다란 수수께끼 한 가지를 풀었다. 1906년 독일에서 태어난 마리아는 당시 괴팅겐 대학교의 물리학 슈퍼스타 중 하나였다.

마리아는 남편인 조 메이어가 미국의 존스홉킨스 대학교에서 교수직을 얻게 되자, 자신도 함께 미국에서 일하는 것이 좋겠다고 생각했다. 하지만 대공황 때문에 일자리가 귀해졌고, 존스홉킨스 대학교는 교수의 부인까지 고용할 생각은 없었다. 마리아는 방치된 먼지투성이 다락에 실험실을 차렸다. 그리고 물리학, 양자 역학, 화학에 관한 10편의 논문을 발표했다. 또 《통계 역학》이란 화학 교과서를 조와 함께 공동으로 집필했다. 9년 동안 마리아는 돈을 한 푼도 받지 못한 채 일하고, 가르치고, 연구했다. 그러다 조가 일자리를 잃자 함께 컬럼비아 대학교로 옮겨 갔다. 그곳에서도 마리아는 동료 과학자라기보다 교수 부인으로만 대접받았다.

마리아의 끈기는 마침내 보답을 받았다. 제2차 세계 대전 중에 미국 정부가 마리아의 기술을 눈여겨본 것이다. 마리아는 정부에서 진행하는 원자 폭탄 제조 연구에 참여해 작은 팀을 이끌며 우라늄을 농축했다. 전쟁이 끝나고 나서는 시카고 대학교에서 학생들을 가르치며 아르곤 국립 연구소에서 동위 원소 연구를 시작했다.

동위 원소란, 원자 번호는 같지만 중성자의 수가 서로 다른 원소들이다. 어떤 동위 원소들은 빨리 붕괴하는 반면, 어떤 동위 원소들은 거의 붕괴하지 않고 안정적이다. 왜 그러한 차이가 나는지 아무도 알지 못했다. 단지 안정적인 동위 원소들은 중성자나 양성자의 수가 '마법수'인 것과 관계가 있으리라고 짐작할 뿐이었다.

마리아는 중성자와 양성자가 몇 겹의 궤도를 돌고 있다는 것을 깨달았다. 중성자나 양성자가 마법수일 때는 회전하기가 더 쉽고 에너지가 덜 든다. 그래서 마법수의 원소는 거의 붕괴하지 않고 안정적인 것이다. 마리아는 이것을 짝을 지어 춤추는 사람들에 빗대어 설명했다. 마리아가 제시한 원자핵 모형은 마치 겹겹이 싸인 양파 껍질 같은 모양이었다. 마리아는 원자핵의 껍질 모형을 증명함으로써 동위 원소들 간의 차이를 설명했다.

1960년에 마리아는 캘리포니아 대학교의 교수가 되면서 마침내 정식으로 임금을 받는 일자리를 얻게 되었다. 1963년에는 노벨 물리학상을 받았다.

안정된 동위 원소를 만드는 마법수는 2, 8, 20, 28, 50, 82, 126이야.

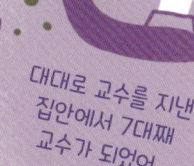
대대로 교수를 지낸 집안에서 7대째 교수가 되었어.

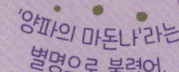
'양파의 마돈나'라는 별명으로 불렸어.

담배 두 개비를 한 번에 피울 정도로 애연가였던 탓에 노년에 건강이 매우 안 좋아졌어.

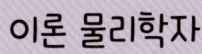
시카고 대학교에서 핵물리학을 연구했어.

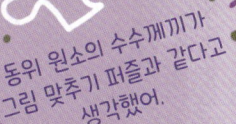
동위 원소의 수수께끼가 그림 맞추기 퍼즐과 같다고 생각했어.

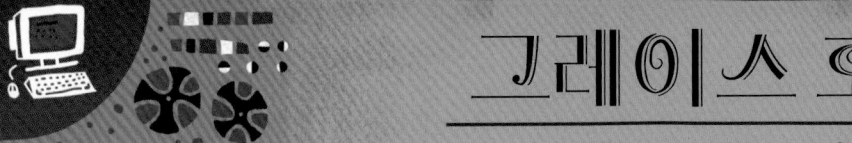

그레이스 호퍼

해군 장성, 컴퓨터 과학자

그레이스 호퍼는 해군 장성이자 거침없는 개척자이며, 컴퓨터 프로그래밍의 어머니로 인정받는 인물이다. 그레이스는 1906년에 미국 뉴욕 시에서 태어났고, 1934년에 예일 대학교에서 수학으로 박사 학위를 받았다. 그레이스가 배서 대학교에서 수학 교수로 학생들을 가르치고 있을 때 미국은 제2차 세계 대전에 참전했다. 그레이스는 1943년에 직장을 그만두고 미 해군 여성 예비대에 들어갔다. 그레이스의 작은 체구는 해군에서 원하는 신체 조건에는 맞지 않았지만, 그레이스의 수학적인 사고방식은 미국이 찾고 있던 바로 그것이었다.

해군은 그레이스를 하버드 대학교에 배치해, 초창기 전기 기계식 컴퓨터인 '마크 1'의 프로그램을 짜는 임무를 맡겼다. 마크 1을 보고 그레이스는 '와, 이렇게 멋진 기계는 처음 봐.' 하고 생각했다. 그레이스는 부지휘관이었고, 지휘관인 하워드 에이킨은 마크 1을 설계한 인물이었다.

당시에는 수학 계산을 하려면 많은 인력이 필요했다. 하지만 새로운 컴퓨터 마크 1은 낡은 방식으로는 해결하기 어려운 복잡한 방정식도 풀 수 있었다. 그레이스의 팀은 마크 1을 이용해 맨해튼 계획에서 원자 폭탄을 만드는 데 쓰이는 방정식 풀이를 비롯해 전쟁의 중요한 문제들을 해결했다.

전쟁이 끝난 뒤 그레이스는 민간 기업에 들어갔다. 당시에는 프로그래머가 되려면 수학 석사급 이상의 기술이 필요했고, 2진 코드로 프로그램을 짜야 했다. 그레이스 호퍼는 그냥 컴퓨터에게 영어로 '말을 하면' 더 쉬울 것이라고 생각했다. 모두가 미친 짓이라고 했다. 하지만 그레이스가 최초로 컴파일러를 발명하자, 그가 옳았다는 것이 증명되었다. 나아가 그는 최초의 보편적 컴퓨터 프로그래밍 언어가 된 '코볼'을 개발했다. 그레이스 덕분에 누구나 코딩을 배울 수 있게 된 것이다!

그레이스는 1967년에 해군으로 돌아갔다. 그리고 80세 생일을 앞두고 최고령 현역으로 퇴역했다. 이후 그레이스는 강연과 컨설팅을 하면서 끊임없이 세상 사람들에게 자신의 깨달음을 전했다. "'늘 이렇게 해 왔다.'라는 말이 가장 위험합니다."

증조할아버지도 해군으로 복무했어.

마크 1 컴퓨터의 너비는 약 15미터였어.

사무실 책상에 해적 깃발을 놓아두었어. 업무에 필요한 것을 마치 해적처럼 거침없이 얻어 냈기 때문이야.

약 30센티미터

30센티미터의 끈을 사람들에게 보여 주며 이것이 빛이 1나노초 동안 이동하는 거리라고 설명했어.

한 가지 방식으로만 일할 필요가 없다는 사실을 일깨우기 위해 사무실에 거꾸로 가는 시계를 걸어 놓았어.

미국의 유명 토크쇼 <레이트 쇼 위드 데이비드 레터맨>에 출연했어.

나방이 컴퓨터에 들어갔을 때 '디버깅'이라는 용어를 만들었어.

국방 공로 훈장을 수상했어.

레이철 카슨

해양 생물학자, 환경 운동가, 작가

어릴 때부터 레이철 카슨은 새와 곤충과 물고기한테서 눈을 떼지 못하는 아이였다. 1907년에 태어난 레이철은 미국 펜실베이니아주의 농장에서 자랐다. 레이철은 존스홉킨스 대학교에서 동물학 석사 학위를 받았지만, 아버지가 세상을 떠나자 가족을 부양하기 위해 박사 과정 진학을 포기했다. 레이철은 여성으로서는 두 번째로 미국 어업국의 직원이 되어 해양 생물을 주제로 한 라디오 대본을 썼다. 공무를 수행하지 않을 때는 개인적으로 자연에 관한 글을 썼다. 레이철의 유려한 글솜씨는 각계각층의 사람과 레이철을 이어 주는 다리가 되었다. 첫 번째 책 《바닷바람을 맞으며》는 거의 주목받지 못했지만, 두 번째 책 《우리를 둘러싼 바다》가 돌풍을 일으키며 레이철에게 전미 도서상을 안겨 주었다. 이후 레이철은 전업 작가가 되어 《바다의 가장자리》를 썼다.

1950년대는 미국 정부와 민간 기업에서 DDT 살충제를 무턱대고 남용하던 때였다. 오늘날 우리는 DDT가 독성이 매우 강해서 과도하게 쓰면 간 손상과 발작을 일으킨다는 것을 알고 있다. 하지만 당시에는 소풍 때 쓰는 벌레 퇴치제부터 각종 농약에 이르기까지 안 쓰이는 곳이 없었다. DDT로 인해 죽은 것은 단지 해충만이 아니었다.

레이철은 오랜 친구 올가 허킨스에게서, 올가가 관리하는 자연 보호 구역에서 비행기로 DDT를 살포하고 난 뒤 더 이상 새들의 노랫소리를 들을 수 없게 되었다는 내용의 편지를 받았다. 그 편지를 읽고 레이철은 DDT를 연구하여 자신의 최고 걸작인 《침묵의 봄》을 써냈다. 레이철의 연구는 DDT가 가축에 독이 되고, 물고기를 죽이고, 새들의 알에 치명적인 피해를 입히며 생태계에 재앙을 일으킨다는 것을 밝혀냈다.

레이철은 암 투병 중에 《침묵의 봄》을 썼고, 자신이 발견한 것을 뒷받침하는 증거들을 끊임없이 모았다. 화학 회사들은 레이철을 비방했지만, 레이철은 굴하지 않고 DDT의 진실을 대중에 널리 알렸다. 그는 미 상원 의원들 앞에서 증언을 하기도 했다. 레이철은 《침묵의 봄》 출간 2년 뒤인 1964년에 세상을 떠났다. 레이철의 연구는 미국 환경 보호국이 설립되는 직접적인 원인이 되었고, 전 세계 사람들에게 환경에 대한 경각심을 일깨워 주었다.

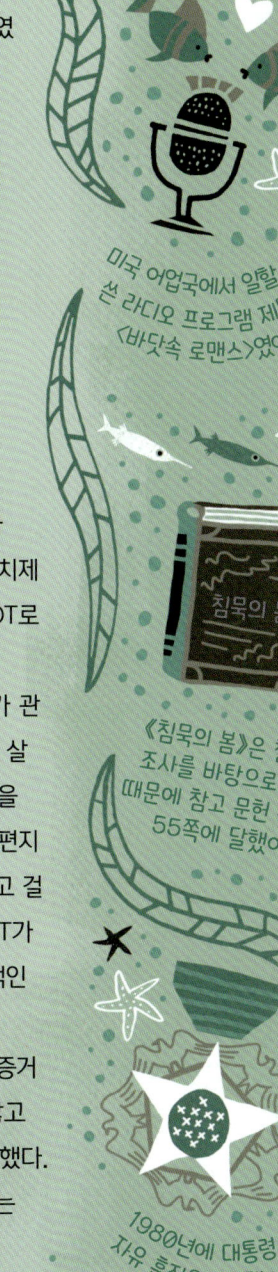

실험 기구 모음

문제를 해결하려면 시험하고 실험해야 하며, 적절한 실험 장비는 연구의 성공과 실패를 좌우한다. 이 책에 나오는 여성들은 인정받고 존경받는 과학자가 되기 전까지는 먼지투성이 다락이든 창고든 가리지 않고 실험실로 사용했다. 과학자들의 위대한 발견을 도와주는 실험 기구들을 알아보자.

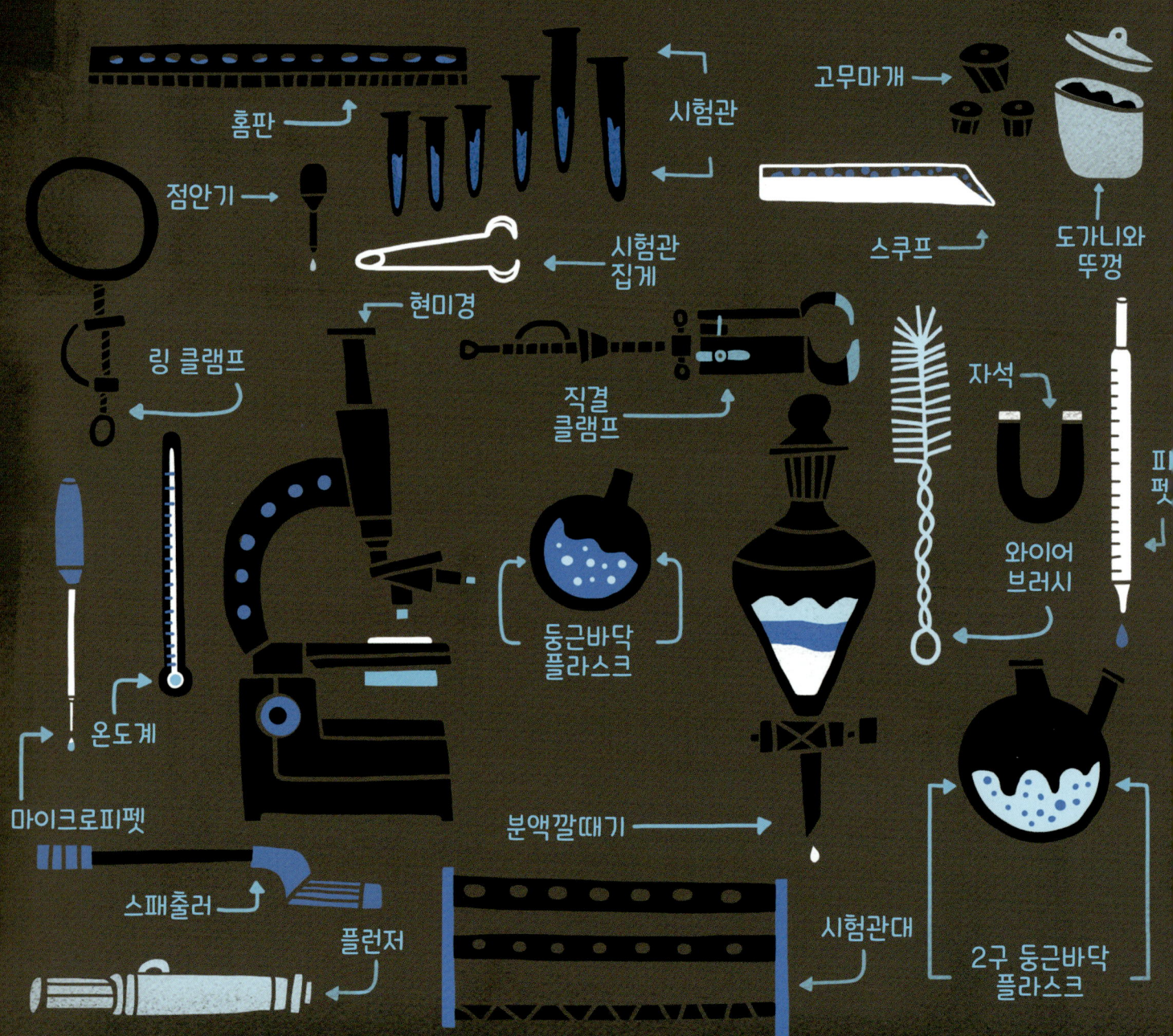

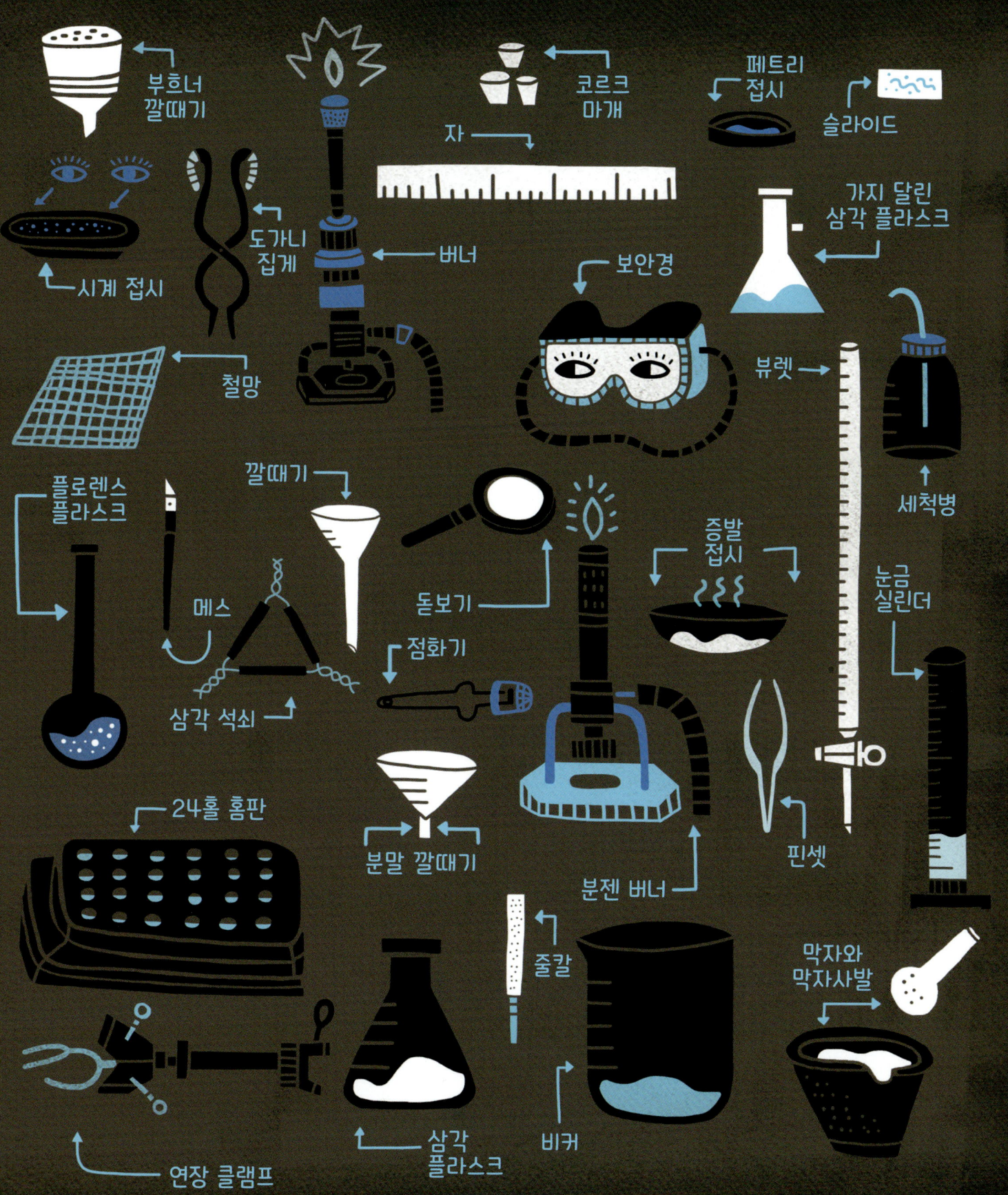

리타 레비몬탈치니

신경학자, 이탈리아 상원 의원

리타 레비몬탈치니는 어떠한 환경 속에서도 과학에 대한 뜻을 굽히지 않았다. 리타는 1909년 이탈리아의 부유한 유대인 집안에서 태어났다. 리타의 아버지는 딸이 정숙한 숙녀가 되어 좋은 곳에 시집가기를 바랐다. 그래서 리타를 여학생들이 다니는 교양 학교에 보냈지만, 리타는 교양 학교 수업에 치를 떨며 의사가 되기로 결심했다.

리타는 1936년에 의과 대학을 최고 성적으로 졸업했지만 앞날이 막막하기만 했다. 이탈리아는 제2차 세계 대전에서 독일과 동맹을 맺고, 1938년에 반유대인 법을 제정해 유대인이 의료업에 종사하지 못하게 했기 때문이다. 하지만 리타의 꿈을 막을 수 있는 것은 아무것도 없었다.

리타는 자기 방에 임시로 실험실을 차리고 연구를 시작했다. 농부들에게 달걀을 빌려 와서는 바늘로 병아리 배아의 신경계를 해부했다. 리타는 신경 세포를 발달시키는 원인과 그 과정을 알고 싶었다. 리타는 병아리 배아에서 날개와 다리가 될 부분을 절단하는 실험을 통해 운동 뉴런이 어떻게 자라고 죽는지 정확히 파악하고 기록했다. 이 작업이 앞으로 나아갈 길의 밑거름이 되었다.

전쟁이 끝난 뒤 리타는 이미 연구를 상당히 진척시켜 놓은 상태로 과학계로 돌아왔다. 그 무렵 미국 미주리주 세인트루이스의 워싱턴 대학교에서 리타를 초청했다. 리타는 한 학기 동안 머무를 예정으로 미국으로 갔으나 그곳에서 30년 동안 연구하며 학생들을 가르쳤다.

리타는 유리 접시에 조직을 배양하는 법을 배우면서, 종양 표본이 같은 접시에 있는 배아 세포에 영향을 주는 것을 관찰했다. 배아 세포의 신경이 아주 빠르게 자라기 시작한 것이다. 원인이 무엇일까? 리타는 뱀의 독, 종양, 생쥐의 침으로 실험한 끝에, 신경의 성장을 조절하고 우리의 신경을 건강하게 유지하는 단백질인 '신경 성장 인자'를 발견했다. 이는 질병을 이해하고 다스리는 데 아주 중요한 발견이었다.

리타는 1986년에 노벨 생리 의학상을 수상했다. 전쟁 중에 이탈리아 정부로부터 받은 차별 대우가 원통하지 않느냐는 질문에, 리타는 "차별이나 박해를 받지 않았다면 노벨상을 타지 못했을 것"이라고 대답했다. 리타는 이탈리아로 돌아가 종신 상원 의원이 되었고, 시민 평등권을 위해 싸우며 과학을 장려했다.

교황 바오로 6세를 만나 손등에 입 맞추는 대신 악수를 했어.

연구를 위해 실험실 생쥐를 몰래 숨기고 비행기에 오른 적이 있어.

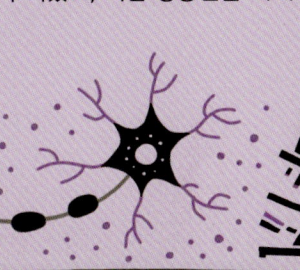
103세로 세상을 떠날 때까지 연구를 계속했어.

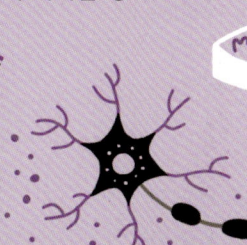
실험실 동료이자 협력자 스탠리 코언과 함께 노벨상을 수상했어.

인간의 비만 세포와 신경 성장 인자의 관계에 대한 중요한 연구를 수행했어.

도로시 호지킨

생화학자, X선 결정학자

도로시 호지킨은 1910년에 이집트에서 태어나 영국에서 성장하고 공부했다. 고고학자인 부모님을 따라 한동안 수단의 발굴 현장에서 지내기도 했다. 친절한 지질학자들에게 둘러싸여 자란 도로시는 어릴 때부터 체험의 기회를 얻을 수 있었다. 13살 때 땅에서 신기한 광물을 발견하고, 화학 도구를 이용해 그 광물이 티탄철석 결정이라는 것을 분석해 내기도 했다. 도로시는 이내 원자와 분자의 구조를 연구하는 결정학에 푹 빠져들었다.

도로시는 여성의 입학을 엄격히 제한하던 1928년에 옥스퍼드 대학교에 입학했다. 당시 X선 결정학은 분자의 구조를 관찰할 수 있는 최신 기술이었다. 하지만 이 기술은 아주 어려웠고, 분자 구조를 완전히 이해하려면 컴퓨터도 없이 복잡한 수학 계산을 하면서 몇 달, 심지어 몇 년 동안 관찰해야 할 때도 있었다.

도로시는 케임브리지 대학교에서 잠시 연구하다가 1934년에 다시 옥스퍼드 대학교로 돌아왔다. 그는 옥스퍼드 대학교 박물관의 어두침침하고 먼지 많은 지하실에서 고압 전선과 골격 표본에 둘러싸인 채 연구를 이어 갔다. 그러던 중 콜레스테롤의 구조 지도를 그려 내며 사람들에게 깊은 인상을 남겼다. 이제 동료들은 궁금한 것이 있으면 도로시를 찾아갔고, 도저히 알아낼 수 없을 것 같은 분자 구조도 도로시는 그려 낼 수 있다고 생각했다.

도로시는 중요한 항생제로 꼽히는 페니실린의 구조를 밝혀내기도 했다. 페니실린은 1928년에 발견되었는데, 의약품으로 사용할 수 있도록 대량으로 합성하려면 분자 구조를 꼭 알아야 했다. 도로시는 4년 동안 성실하고 창조적으로 연구한 끝에 1945년에 페니실린 합성의 열쇠가 될 분자 구조를 밝혀냈다. 도로시는 이 발견으로 수백만 명의 목숨을 구할 수 있었다.

도로시는 계속해서 선구적인 연구를 해 나갔다. 비타민 B12의 구조를 연구할 때에는 캘리포니아 대학교 로스앤젤레스 캠퍼스의 학생들과 팀을 이루어서 컴퓨터 프로그램을 활용해 예전보다 훨씬 빠르게 분자 구조 지도를 그려 냈다. 그리하여 비타민 B12를 비롯한 주요 생화학 물질의 구조를 밝혀낸 공로로 1964년에 노벨 화학상을 수상했다. 또 인슐린의 구조를 밝혀내 당뇨병 치료약을 개발하는 데 도움을 주기도 했다. 노년에 도로시는 세계 곳곳을 여행하며 강연을 계속했다. 도로시는 1994년 세상을 떠날 때까지 당뇨병에 대한 경각심을 강조하며, 과학을 장려하고 세계 평화를 호소했다.

남학생만 들을 수 있었던 중등학교 화학 수업을 특별 허가를 받고 수강했어.

별명은 '상냥한 천재', '영국에서 가장 똑똑한 여성'이야.

레닌 평화상을 비롯해 많은 상을 수상했어.

국제 결정학 연합의 탄생에 기여했어.

영국 수상 마거릿 대처의 대학 시절 스승이야.

한 동료는 도로시가 페니실린의 구조를 밝혀내면 자기는 과학자를 그만두고 버섯 농사나 짓겠다고 선언했지만 막상 실천하진 않았어.

우젠슝

실험 물리학자

우젠슝은 1912년에 중국에서 태어났다. 이때는 교육의 문이 모든 여성에게 열려 있지 않았다. 하지만 우젠슝의 아버지는 여성의 권리를 옹호하고, 지역 최초의 여학교를 세운 선구적인 인물이었다. 우젠슝의 가족은 거리나 학비에 개의치 않고 우젠슝이 언제나 가장 좋은 학교에서 공부할 수 있도록 지원해 주었다. 1936년에 우젠슝은 실험 물리학 연구를 계속하기 위해 미국으로 건너갔다.

우젠슝은 1940년에 캘리포니아 대학교에서 박사 학위를 받은 뒤, 프린스턴 대학교와 스미스 대학교에서 학생들을 가르쳤다. 우젠슝은 과제를 많이 내기로 유명했지만, 학생들이 최선을 다하도록 독려해 주는 선생님이었다.

제2차 세계 대전은 과학의 싸움이자 과학의 승리로 끝난 전쟁이었다. 1944년에 우젠슝은 컬럼비아 대학교에서 일하며 맨해튼 계획에 참여했다. 우젠슝이 맡은 일은 우라늄을 동위 원소로 농축해 원자 폭탄의 연료로 만드는 방법을 개발하는 것이었다. 그는 방사선 검출기를 개발하는 일에도 참여했다.

전쟁이 끝난 뒤 우젠슝은 컬럼비아 대학교에 남아 베타 붕괴에 대한 연구를 시작했다. '반전성 보존 법칙'에 따르면 원자핵이나 소립자는 붕괴할 때 언제나 대칭 상태를 이루어야 했다. 하지만 마치 그 법칙을 따르지 않는 것처럼 보이는 새로운 입자들이 발견되었다. 이에 당시 컬럼비아 대학교의 이론 물리학자였던 리정다오, 양전닝은 반전성 보존 법칙이 해당되지 않는 경우가 있다는 가설을 세우고 우젠슝과 함께 실험을 진행했다. 이전까지 이 가설을 증명해 보인 사례는 없었다. 우젠슝은 휴가도 건너뛰고 조수들과 함께 주말도, 밤낮도 없이 일했다.

우젠슝은 결의를 다지며 아주 강한 자석을 이용해 실험했다. 그 결과 실험에 사용한 원자의 전자들이 비대칭을 이루며 분리된다는 것을 관찰했다. 이론상으로 존재하던 '반전성 보존 법칙의 위반'을 실험으로 증명하고, 물리학의 명제를 바꾸어 놓은 것이다.

우젠슝은 《베타 붕괴》라는 책을 출간했고, 많은 상과 영예를 누렸다. 그리고 노년까지 전 세계를 여행하며 연구와 강의를 이어 갔다.

 1975년 미국 국가 과학상을 수상했어.

'물리학의 퍼스트레이디'라고 불렸어.

 미국 물리학회의 첫 번째 여성 석학 회원이야.

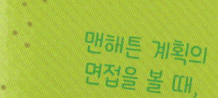 맨해튼 계획의 면접을 볼 때,

 칠판에 남아 있던 방정식만 보고도 무슨 연구를 하는지 알아차렸어.

 적혈구가 낫 모양으로 변형되는 질병을 연구했어.

'젠슝'이라는 이름은 '굳센 영웅'이라는 뜻이야.

헤디 라마

발명가, 영화배우

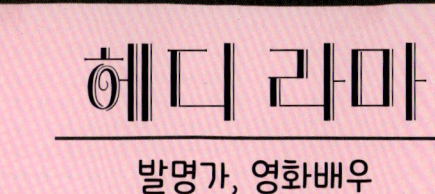

아마 할리우드의 황금기에 '세상에서 가장 아름다운 여성'으로 불리던 배우, 헤디 라마를 알고 있는 사람도 많을 것이다. 하지만 헤디가 천재적인 발명가이기도 했다는 사실을 아는 사람은 얼마나 될까?

헤디는 1914년 오스트리아 빈에서 '헤드비히 에바 마리아 키슬러'라는 이름으로 태어났다. 헤디는 배우의 꿈을 이루었으나 백만장자이고 강압적인 남편인 프리츠 만들이 배우를 그만두게 했다. 헤디는 남편을 떠나 파리로, 나중에는 런던으로 도피했다. 헤디는 런던에서 영화 제작자인 루이스 B. 메이어를 만나 그를 통해 MGM 영화사와 계약하고 '헤디 라마'라는 새로운 이름을 얻었다.

배우로 활동하는 동안 헤디는 자기만의 비밀 작업장에서 발명품을 즐겨 만들었다. 그러던 중 제2차 세계 대전이 벌어졌다. 국가 발명가 위원회에서는 시민들에게 전쟁에 도움이 될 만한 발명 아이디어를 모집했다. 헤디는 미국 해군의 무선 유도 어뢰가 진로를 교란시키는 전파 방해에 취약하다는 점을 알고, 이 문제를 자신이 해결할 수 있으리라고 보았다.

헤디는 한 만찬회에서 아방가르드 작곡가 조지 앤타일을 만났다. 헤디와 조지는 자동 피아노의 음을 바꿀 때 사용하는 기술과 똑같은 원리로 무선 신호의 주파수를 바꾸어 전파 방해를 막을 수 있다는 것을 깨달았다. 흥분한 헤디는 앤타일의 자동차 유리창에 립스틱으로 전화번호를 적어 주었다. 둘은 즉시 함께 일을 시작해 FHSS(주파수 도약 확산 스펙트럼) 방식을 개발했다. 헤디는 1942년에 FHSS에 대한 특허를 냈지만 미군은 그 아이디어를 그냥 묵혀 두었다. 헤디는 실망스러웠지만 굴하지 않고 애국심을 발휘해 전시 국채 판매를 홍보해서 수백만 달러의 자금을 모으기도 했다. 미군은 1962년 쿠바 미사일 위기가 터지고 난 뒤에야 FHSS 기술의 가치를 깨닫고, 이를 어뢰 및 통신 제어에 활용했다. 이 기술은 여러 개의 전자 장치 간에 통신을 하는 데 유용해 오늘날 스마트폰, 내비게이션, 와이파이, 블루투스처럼 우리가 일상생활에서 쓰는 많은 기술의 토대가 되었다. FHSS가 활용될 무렵에는 헤디의 특허가 만료된 뒤였지만, 그는 생전에 많은 상을 받았다. 헤디는 세상을 떠난 지 14년이 지난 2014년에 미국 발명가 명예의 전당에 이름을 올렸다.

신형 신호등과 개량된 화장지 상자를 제작했어.

1997년에 전자 프런티어 재단에서 수여하는 개척자 상을 수상했어.

클라크 게이블, 스펜서 트레이시, 제임스 스튜어트와 함께 영화에 출연했어.

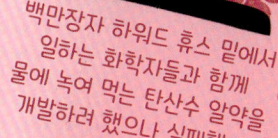

백만장자 하워드 휴스 밑에서 일하는 화학자들과 함께 물에 녹여 먹는 탄산수 알약을 개발하려 했으나 실패했어.

할리우드 명예의 거리에 헤디의 이름이 새겨진 별 포석이 있어.

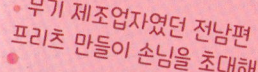

무기 제조업자였던 전남편 프리츠 만들이 손님을 초대해 식사하며 나누는 대화를 듣고 기업의 비밀을 알게 되었어.

메이미 핍스 클라크

심리학자, 시민권 운동가

미국에서 노예제는 1862년에 폐지되었다. 하지만 이때에는 아프리카계 미국인들이 명목상의 자유만 얻었을 뿐이었다. 법에 의해 완전한 평등을 보장받은 것은 1968년에 공정 주거법이 제정되면서부터였다. 그사이 100여 년 동안 미국의 흑인들은 투표할 권리와 교육받을 권리를 제대로 누리지 못했고, 심지어 자신이 생활할 장소도 마음대로 선택하지 못했다.

메이미 핍스 클라크는 1917년에 미국 남부 아칸소주에서 태어났다. 엄격한 인종 분리 정책 때문에 메이미는 백인이 주인인 상점에는 갈 수 없었고, 흑인 아이들만 다니는 가난한 학교에 다녀야 했다.

그런 환경 속에서도 메이미는 공부하는 것을 좋아했고, 사랑으로 가득한 행복한 어린 시절을 보냈다.

케니스 클라크

메이미는 하워드 대학교에서 장래에 남편이자 심리학 연구 동료가 될 케니스 클라크를 만났다. 그리고 〈미취학 흑인 아동의 자아의식 형성〉이라는 논문으로 석사 학위를 받았다. 이 논문에서 메이미는 그림 실험을 통해 인종이 어린이의 정체성을 형성하는 필수 요소 가운데 하나라는 것을 증명했다. 그는 심리학을 통해 인종 분리의 부당함을 증명할 수 있겠다고 생각했다.

메이미는 1943년에 컬럼비아 대학교에서 박사 학위를 받았다. 그 뒤 케니스와 함께 뉴욕의 흑인 가족들을 심리적으로 지원하는 사업을 시작했다. 또 인형을 이용한 실험도 진행했다. 미국 곳곳을 돌아다니며 인종 분리 학교에 다니는 어린이들과 통합 학교에 다니는 어린이들이 인형에 보이는 반응을 비교한 것이다. 클라크 부부는 어린이들에게 피부색만 다르고 똑같이 생긴 인형들을 주면서 "어떤 인형이랑 놀고 싶니? 이 인형 예쁘니? 이 인형은 착하니?" 같은 질문을 했다. 흑인 어린이들은 확실히 피부색이 검은 인형과 자신을 동일시했다. 그리고 인종 분리 학교에 다니는 흑인 어린이들은, 흑인 인형은 못생기고 나쁜 인형이며 자기 자신도 나쁜 아이라고 생각했다. 인종 분리가 어린이들에게 자기 혐오를 심어 주는 등 명백히 악영향을 미치고 있었던 것이다. 이 연구는 1954년 미국 대법원의 '브라운 대 교육위원회' 재판에 인용되어, 미국 공립 학교에서 인종 분리 정책을 철폐하는 계기가 되었다.

법은 바뀌었어도 인종 차별은 여전히 남아 있다. 끈질긴 불평등과 계속해서 맞서 싸우기 위해 우리 모두가 힘을 모아야 한다.

거트루드 엘리언

약리학자, 생화학자

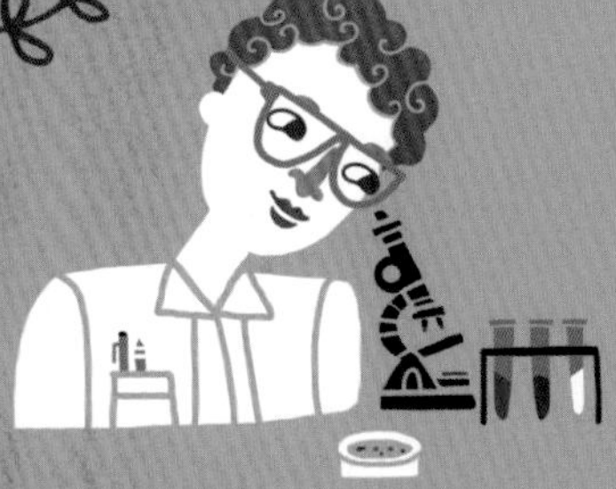

1918년에 태어난 거트루드 엘리언은 미국 뉴욕 시의 브롱크스에서 성장기를 보냈다. 고등학생 시절 거트루드는 모든 과목을 좋아하는 뛰어난 학생이었고, 15살이라는 어린 나이에 학교를 졸업했다. 졸업 후 아직 진로를 결정하지 못했을 때 할아버지가 암으로 세상을 떠나자 거트루드는 평생 질병과 맞서 싸우는 일에 헌신하기로 마음먹었다.

대공황 시기에 대학에서는 남자를 우선적으로 고용했다. 거트루드는 우수한 성적으로 헌터 대학교를 졸업했지만, 대학원에 진학하려니 여성이라는 이유로 학비를 지원받을 수 없었고 화학 관련 일자리도 찾기 힘들었다. 거트루드는 갖가지 임시직을 전전하고 허리띠를 졸라매며 뉴욕 대학교 대학원을 다녔다. 그리고 마침내 버로스 웰컴 제약회사에서 암 연구를 할 수 있었다. 이곳에서 거트루드는 조지 히칭스와 함께 건강한 세포와 비정상적인 세포의 차이를 알아내고, 비정상적인 세포가 어떻게 복제되는지를 연구했다. 건강하지 않은 세포만 파괴하는 약을 만들기 위해서였다. 거트루드는 DNA 핵산을 이용해 종양이 번지는 것을 막을 방법을 연구했다. 거트루드는 낮에는 회사에서 일을 하고, 밤에는 야간 대학에서 박사 학위 과정을 공부했다. 학교에서는 일을 그만두고 학업에 매진하라고 했지만, 거트루드는 자신의 일을 너무나 좋아했기 때문에 도리어 학업을 그만두었다. 그것은 올바른 선택이었다. 거트루드는 계속해서 갖가지 의약품을 개발해 수천 명의 목숨을 구했다. 1950년에는 백혈병을 치료하는 두 가지 약품을 만들어 암 연구의 신기원을 열었다.

거트루드는 계속해서 질병을 연구했다. 1978년에는 또 하나 주요한 성과를 올렸다. 건강한 세포는 해치지 않고 바이러스만 정확하게 공격하는 항바이러스 물질을 개발한 것이다. 이렇게 만들어진 약은 포진 치료제로 쓰일 뿐만 아니라 다른 많은 항바이러스제의 근간이 되었다.

거트루드의 연구는 수천 명의 목숨을 구하고, 약물을 이용한 치료법을 어마어마하게 발전시켰다. 가장 자랑스러운 업적이 무엇이냐는 질문에 거트루드는, "나는 내 아이들을 차별하는 사람이 아니에요."라고 대답했다.

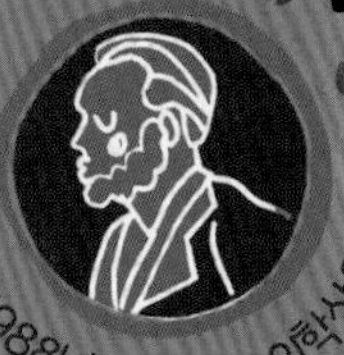

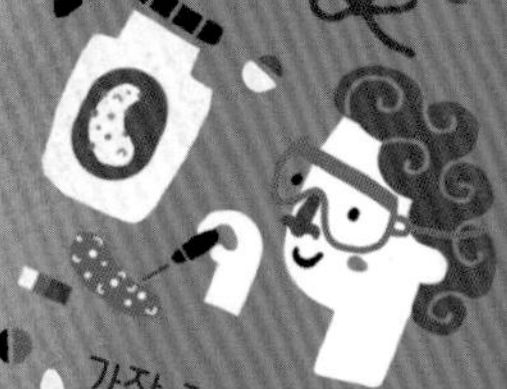

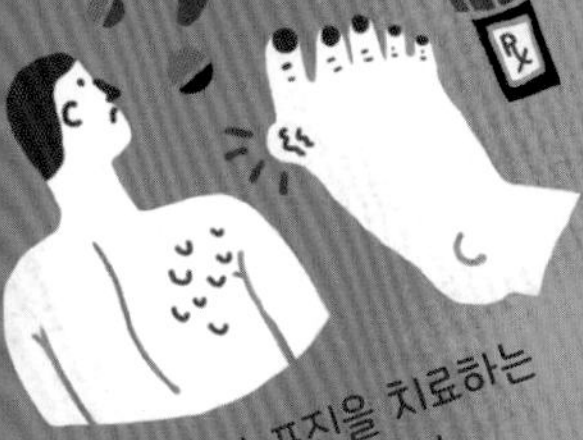

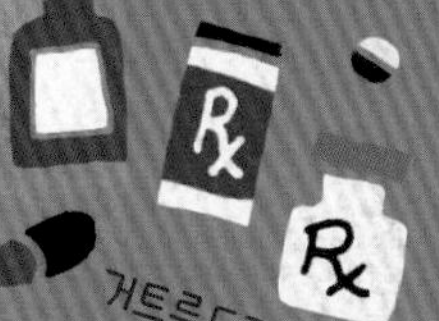

버로스 웰컴 사의
부서 책임자 자리까지
올랐어.

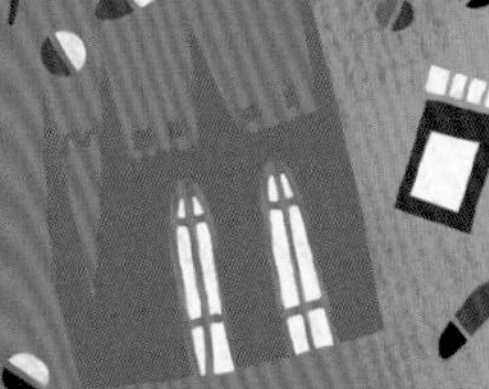

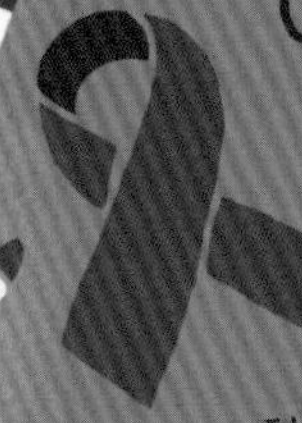

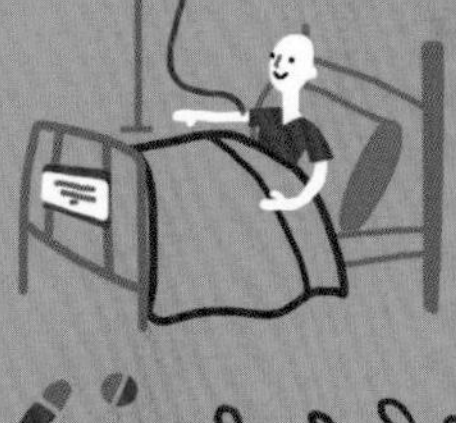

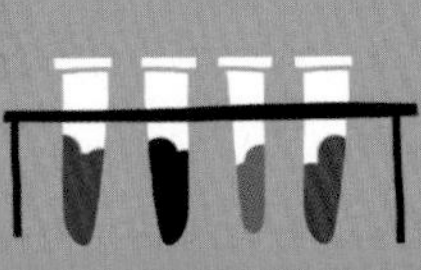

캐서린 존슨
물리학자, 수학자

1918년 미국 웨스트버지니아주에서 태어난 캐서린 존슨은 어릴 때부터 수학 공부를 좋아했다. 뛰어난 학생이었던 캐서린은 15살이라는 어린 나이에 웨스트버지니아 주립 대학에 입학했다.

캐서린은 주변의 다른 여성들처럼 자신도 수학 교사나 간호사가 될 줄 알았다. 하지만 대학에서 만난 유명한 수학자인 W. W. 시펠린 클레이터 교수는 캐서린에게 연구 수학자라는 꿈을 불어넣어 주었고, 그 목표를 이루기 위해 들어야 하는 수업들을 골라 주었다.

캐서린은 18살에 대학을 졸업했다. 대공황의 절정기이던 당시에는 일자리가 귀했기 때문에, 캐서린은 고등학교 교사로 머물러 있었다. 그러다 1950년대에 들어 미국 항공 우주국 나사에서 수식 계산을 맡는 인간 컴퓨터로 아프리카계 여성을 많이 고용하기 시작했다. 캐서린은 나사에 지원했고, 합격했다!

캐서린은 자신이 하는 일을 자세히 알고 싶었다. 회의실에 들어오면 안 된다는 말을 듣고는 여자가 회의에 참석하는 것이 불법이냐고 물었고, 그런 대담함과 호기심 덕분에 결국 회의실에서 한 자리를 차지할 수 있었다. 우주선의 비행경로를 계산할 때는 복잡한 기하학 방정식을 썼는데, 캐서린은 그 분야의 전문가였다. 캐서린은 1961년에 유인 위성 발사를 위한 머큐리 계획에 투입되어, 발사 가능 시간대를 성공적으로 계산해 냈다.

캐서린은 흠 잡을 데 없는 수학 기술을 발판으로 이내 궤도 계산 팀을 이끌게 되었다. 그리고 1969년 최초의 유인 탐사선을 달로 보내는 임무에서 팀의 핵심이 되어 비행경로를 계산했다. 아폴로 우주선이 무사히 지구로 돌아오려면 모든 계산이 완벽해야 했다. 캐서린은 이 계획에서 거의 모든 계산을 맡았고, 나사의 최신 기계 컴퓨터로 계산한 결과를 확인하는 일도 담당했다. 아폴로 계획의 성공 뒤에는 캐서린의 결정적인 역할이 있었던 것이다!

캐서린은 그 뒤로도 우주 왕복선 계획과 화성 탐사 계획 같은 나사의 여러 중요한 임무에 참여했다. 캐서린이 있었기에 우주 비행사들은 무사히 우주로 나가고, 또 무사히 지구로 돌아올 수 있었다. 캐서린은 1986년에 33년 동안의 공무를 마치고 은퇴했다.

제인 쿡 라이트

종양학자

제인 쿡 라이트는 1919년에 저명한 의사 집안에서 태어났다. 할아버지는 예일 의과 대학을 졸업한 최초의 아프리카계 미국인이고, 아버지는 할렘 병원의 암 연구 재단을 설립한 인물이었다. 제인은 아버지와 함께 일하며 이전까지의 암 치료법을 완전히 바꾸어 놓았다.

1940년대에는 암 진단을 받으면 사망 선고를 받은 것이나 마찬가지였다. 의학계에서는 이제 막 암세포를 공격하는 방법을 실험하고 있었다. 심지어 전쟁에서 독가스로 사용하던 겨자 가스의 한 종류를 환자들에게 주입해 보기도 했다.

제인은 1945년에 뉴욕 의과 대학을 졸업한 뒤, 아버지와 함께 할렘 병원에서 일하며 암 연구의 길을 걷기 시작했다. 아버지가 세상을 떠난 뒤 제인은 33살의 나이로 암 연구 센터의 소장이 되었다.

제인은 새로운 암 치료 방법을 개발해, 소중한 치료 시간을 단축시켰다. 화학 치료제를 환자에 직접 시험하지 않고 환자의 암세포 조직 표본에 시험한 것이다. 이 기법으로 제인은 가장 효과적인 치료제를 신속하게 개발할 수 있었다. 또 제인은 환자 개개인의 특성과 암 유형에 따른 다양한 특징을 고려해서 각각의 환자에게 알맞은 화학 요법으로 약물을 조합해야 한다는 것도 알았다.

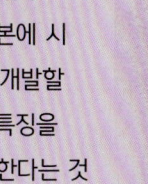

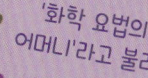

'화학 요법의 어머니'라고 불려.

제인은 또 접근하기 어려운 부위의 종양을 다루는 새로운 방법도 개발했다. 종양을 외과 수술로 제거하다 보면 이따금 종양과 함께 장기 전체를 들어내야 할 때도 있었다. 제인은 이러한 방법에 대한 대안으로 '카테터'라는 의료용 관을 이용해, 수술 없이도 신체의 특정 부위로 정확하게 화학 치료제를 보내는 방식을 개발했다.

아프리카계 의사는 거의 없고 아프리카계 여성 의사는 더더욱 없던 시절, 제인은 종양학의 선도자가 되었다. 제인은 미국 임상 종양 학회를 공동으로 창립하고, 뉴욕 의과 대학 부학장 자리에 올랐다. 또 뉴욕 암 학회의 첫 번째 여성 회장을 지내기도 했다. 제인 라이트는 훌륭한 의사이자 여성 의학도들을 위해 길을 개척해 준 인물이었다.

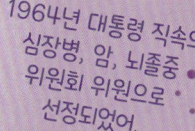

1964년 대통령 직속의 심장병, 암, 뇌졸중 위원회 위원으로 선정되었어.

대학생 때 화가를 꿈꾸기도 했어.

뇌졸중, 심장병, 암 치료에 더 좋은 연구 프로그램을 개발했어.

의사 파견단을 이끌고 아프리카, 중국, 동유럽을 방문했어.

DNA, RNA, 바이러스, 석탄, 흑연의 분자 구조를 밝히는 데 결정적 역할을 한 인물이야.

DNA의 이중 나선을 발견했어.

담배 모자이크 바이러스와 소아마비 연구의 선구자야.

"과학과 일상생활은 분리될 수 없고 분리되어서도 안 된다." - 로절린드 프랭클린

로절린드 프랭클린

화학자, X선 결정학자

로절린드 프랭클린은 1920년에 영국 런던에서 태어났다. 로절린드의 아버지는 여자가 대학에 가는 것을 탐탁지 않게 여겼다. 하지만 집안의 여자들이 도와준 덕분에 로절린드는 케임브리지 대학교에서 물리 화학으로 박사 학위를 받을 수 있었다.

당시 과학계의 중요한 문제는 'DNA는 도대체 어떻게 생겼을까?'라는 것이었다. 과학자들은 DNA가 인체를 구성하는 기본 요소라는 것은 알고 있었지만, 실제로 어떤 모양을 하고 있는지 알지 못했다. 로절린드 프랭클린을 비롯한 케임브리지 대학교 킹스 칼리지의 과학자들은 이 문제와 씨름하고 있었다.

로절린드는 X선을 이용해 아주 오랜 시간에 걸쳐 DNA의 가느다란 섬유 조직을 들여다보았다. 그리고 DNA가 이중 나선 모양이라는 것을 증명하는 결정적인 사진을 찍었다. 그동안 제임스 왓슨과 프랜시스 크릭이라는 두 과학자도 DNA의 구조를 알아내려고 애쓰고 있었다. 두 사람은 로절린드의 작업물을 보고는 로절린드가 찍은 사진을 토대로 논문을 썼다. 하지만 논문에서 로절린드에 대한 언급은 한마디도 하지 않았다.

로절린드는 작업 환경이 나쁜 킹스 칼리지를 떠나 다른 곳에서 연구를 이어 갔다. 당대 최고의 연구 실험실로 옮겨 간 로절린드는 담배 모자이크 바이러스와 소아마비 바이러스에 관한 흥미로운 연구를 시작했다. 하지만 안타깝게도 암이 많이 진행되어 손쓸 수 없는 상태라는 진단을 받았다. 아마도 X선 연구에 매진하다 방사선에 노출된 탓이었을 것이다. 로절린드는 1958년에 37살이라는 젊은 나이로 세상을 떠났다.

제임스 왓슨과 프랜시스 크릭은 로절린드가 죽은 뒤 노벨 생리 의학상을 받았다. 왓슨은 자신의 저서 《이중 나선》에서 로절린드에 대해 냉혹한 평을 남겼지만 자신이 로절린드의 자료를 보았다는 사실을 인정했고, 사람들은 진실을 알게 되었다. 오늘날 로절린드는 노벨상을 받았어야 마땅한 사람으로 기억되고 있다. 이제 우리는 로절린드가 이룬 획기적인 성과와 업적을 얼마든지 기릴 수 있다!

15살 때부터 과학자의 꿈을 품었어.

세계 박람회에 전시할 커다랗고 정교한 담배 모자이크 바이러스 모형을 제작했어.

제2차 세계 대전에서 사용될 방독면의 숯을 연구했어.

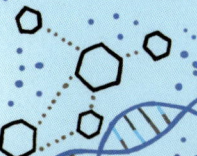

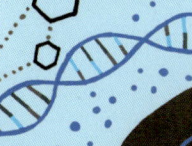

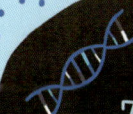

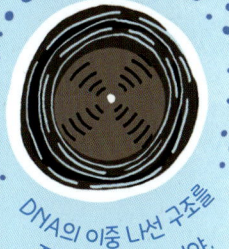
DNA의 이중 나선 구조를 증명한 '사진 51'이야.

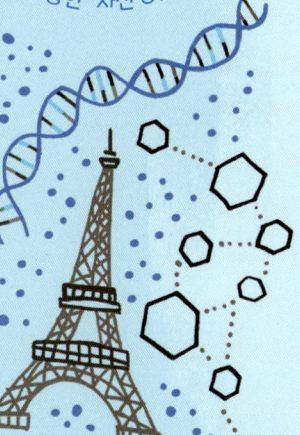
프랑스에서 X선 결정학을 공부했어.

킹스 칼리지 주변의 식당과 술집은 남자 손님만 받았어.

로절린 앨로

의학 물리학자

로절린 앨로는 타고난 투사였다. 가족들에 따르면 어릴 때 선생님에게 맞선 일도 있다고 한다. 1921년에 미국 뉴욕 시에서 태어난 로절린은 뉴욕 양키스 팀의 야구 경기를 보러 가거나 도서관에서 책을 읽으며 어린 시절을 보냈다.

1945년에 일리노이 대학교에서 박사 과정을 마친 로절린은 핵물리학 분야에서 일하고 싶었다. 그때 브롱크스 보훈 병원에서 로절린을 고용해, 방사성 동위 원소를 의료 분야에 이용할 방법을 찾아내는 일을 맡겼다. 주어진 자금이 많지 않았기 때문에 연구 환경은 보잘것없었다. 로절린은 낡은 수위실 벽장을 실험실로 변신시켰고, 이는 미국 최초의 방사성 동위 원소 실험실 중 하나가 되었다. 로절린은 실험실 동료 솔로몬 버슨과 단짝이 되었다.

로절린과 솔로몬은 사람 몸속의 호르몬을 아주 민감하게 측정하는 새로운 방법을 개발했다. 호르몬을 방사성 동위 원소로 표시한 다음 결합되는 항체의 양을 측정하는 방법이었다. 두 사람이 개발한 '방사 면역 측정법'은 오늘날에도 호르몬을 연구하고 호르몬에 관한 여러 질병을 검진하는 데 사용된다.

로절린과 솔로몬은 방사 면역 측정법을 이용해 인슐린이 우리 몸 안에서 어떤 일을 하는지 새로이 알아냈고, 1형 당뇨병과 2형 당뇨병의 차이도 밝혀냈다. 덕분에 의사들은 환자에게 맞는 적절한 약을 처방할 수 있게 되었다.

1972년 솔로몬이 심장 마비로 세상을 떠났다. 솔로몬과 남매 사이나 다름없었던 로절린은 가슴이 찢어졌다. 게다가 이제 남자 동료도 없으니 여자인 로절린은 예전보다 못한 대접을 받을 게 뻔했다. 그래서 로절린은 더 열심히 일했고, 4년이라는 짧은 기간 동안 60편이 넘는 연구 논문을 내놓았다.

로절린의 고된 노력은 보상을 받았다. 로절린은 많은 상과 훈장을 받았고, 1977년에는 오랜 꿈이었던 노벨 생리 의학상을 거머쥐었다. 로절린의 연구는 내분비학을 한 단계 더 발전시켰고, 오늘날까지도 많은 생명을 구하고 있다.

어릴 때 스스로 치아 교정비를 마련하기 위해 어머니의 일을 도왔어.

돼지와 소에서 추출한 인슐린은 당뇨병을 치료하는 데 큰 효과가 없다는 사실을 밝혀냈어.

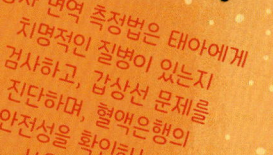

방사 면역 측정법은 태아에게 치명적인 질병이 있는지 검사하고, 갑상선 문제를 진단하며, 혈액은행의 안전성을 확인하는 데 사용되고 있어.

이렇게라도 들어야 해!

물리학자 엔리코 페르미의 강연장에 사람이 꽉 차자 서까래에 매달려서 강연을 들었어.

솔로몬이 죽은 뒤 실험실 이름을 '솔로몬 A. 버슨 연구 실험실'로 바꿨어.

노벨상을 받을 경우를 대비해 해마다 사무실에 시원한 샴페인을 마련해 두었어.

에스터 레더버그

미생물학자

에스터 레더버그는 언제나 매력이 넘치는 사람이었다. 명석한 두뇌와 유머 감각을 갖춘 에스터가 뛰어난 말솜씨로 자신의 의견을 펼치면 사람들은 에스터의 말에 귀를 기울였다.

에스터는 1922년에 미국 뉴욕 시 브롱크스의 한 가난한 집에서 태어났다. 에스터는 스탠퍼드 대학교에서 유전학을 공부하고 1946년에 석사 학위를 받았다. 같은 해 분자 생물학자인 조슈아 레더버그와 결혼했다. 위스콘신 대학교에서 박사 학위를 받은 에스터는 그곳에서 조슈아와 함께 세균을 연구했다.

어느 날 에스터는 현미경으로 대장균 세포를 들여다보다가 '갉아 먹힌' 듯한 모양이 생겨나 있는 것을 발견했다. '람다 파지'라는 새로운 박테리오파지(세균을 감염시키는 바이러스)를 발견한 것이다. 람다 파지는 숙주 세균을 곧바로 죽이지 않고 세균의 DNA에 숨어 있다가, 숙주가 죽을 때가 되어서야 번식을 시작했다. 람다 파지에 대한 연구는 RNA와 DNA, 포진과 종양 바이러스에 대한 이해를 높여 주었다.

에스터는 또 세균의 돌연변이를 연구하는 새로운 방법인 '평판 복제법'도 개발했다. 이전에는 돌연변이를 연구하려면 아주 오랜 시간이 걸렸다. 평판 복제법은 벨벳 조각에 세균을 묻혀 서로 다른 화학 물질이 담긴 페트리 접시에 옮겨 바르는 방법으로, 어떤 돌연변이가 살아남고 어떤 돌연변이가 죽는지 쉽게 구별할 수 있었다.

이 새로운 방법으로 에스터의 연구 팀은 항생제에 대한 세균의 내성을 연구해, 세균의 돌연변이가 자연적으로 일어난다는 사실을 증명했다. 심지어 어떤 세균들은 항생제와 접촉하기도 전에 내성이 생겼다. 이 연구로 조슈아는 1958년에 노벨 생리 의학상을 받았지만, 시상식 연설에서 에스터에게 아무런 감사의 말도 하지 않았다.

에스터와 조슈아는 1959년에 스탠퍼드 대학교로 돌아왔지만, 1966년에 결국 이혼했다. 에스터는 대학교에서 연구를 계속했고, 플라스미드 자료관의 관장이 되었다. 자신의 일을 너무나 사랑한 에스터는 은퇴한 뒤에도 손에서 연구를 놓지 않았다.

처음에는 파우더 퍼프로 평판 복제법을 시도했어.

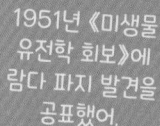

1951년 《미생물 유전학 회보》에 람다 파지 발견을 공표했어.

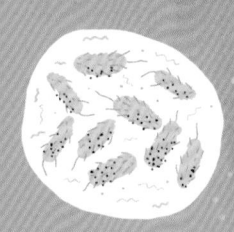

세균이 자연적으로 돌연변이를 일으킬 수 있다는 사실을 증명하는 데 기여했어.

통계로 보는 스템 분야의 여성

미국 정부는 인구 조사 통계를 활용해 자국 내 노동 인구의 현황을 분석해 왔다. 2013년에 발표된 미국의 2011년도 인구 조사 통계를 보면 스템 분야에서 여성이 거의 두드러지지 않는다는 사실을 알 수 있다. 20세기 중반부터 21세기까지 여성 과학자의 수는 확실히 증가했지만, 과학 분야에서 여성이 차지하는 비율은 여전히 낮다. 이대로 두어서는 안 된다. 지금 이 순간에도 암을 치료하고, 새로운 은하를 탐험하고, 어쩌면 새로운 형태의 에너지를 발견할지도 모르는 여자아이들이 자라나고 있다. 더 많은 멋진 여성이 새로운 관점으로 놀라운 발견을 해낼 수 있도록 힘을 북돋아 주자!

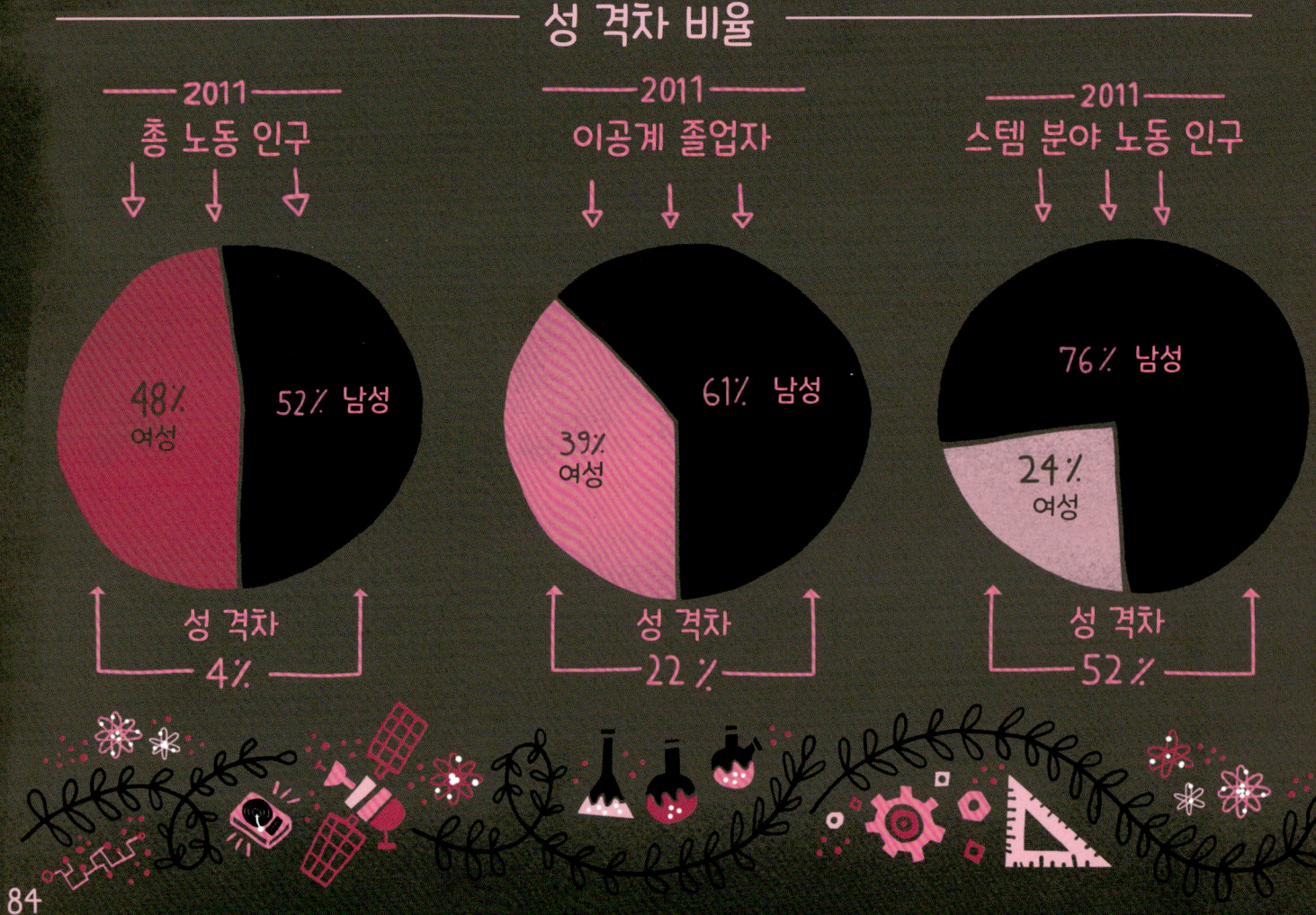

성 격차 비율

2011 총 노동 인구: 48% 여성, 52% 남성 — 성 격차 4%

2011 이공계 졸업자: 39% 여성, 61% 남성 — 성 격차 22%

2011 스템 분야 노동 인구: 24% 여성, 76% 남성 — 성 격차 52%

1970~2011년 미국 스템 분야에서 일하는 여성의 비율 변화

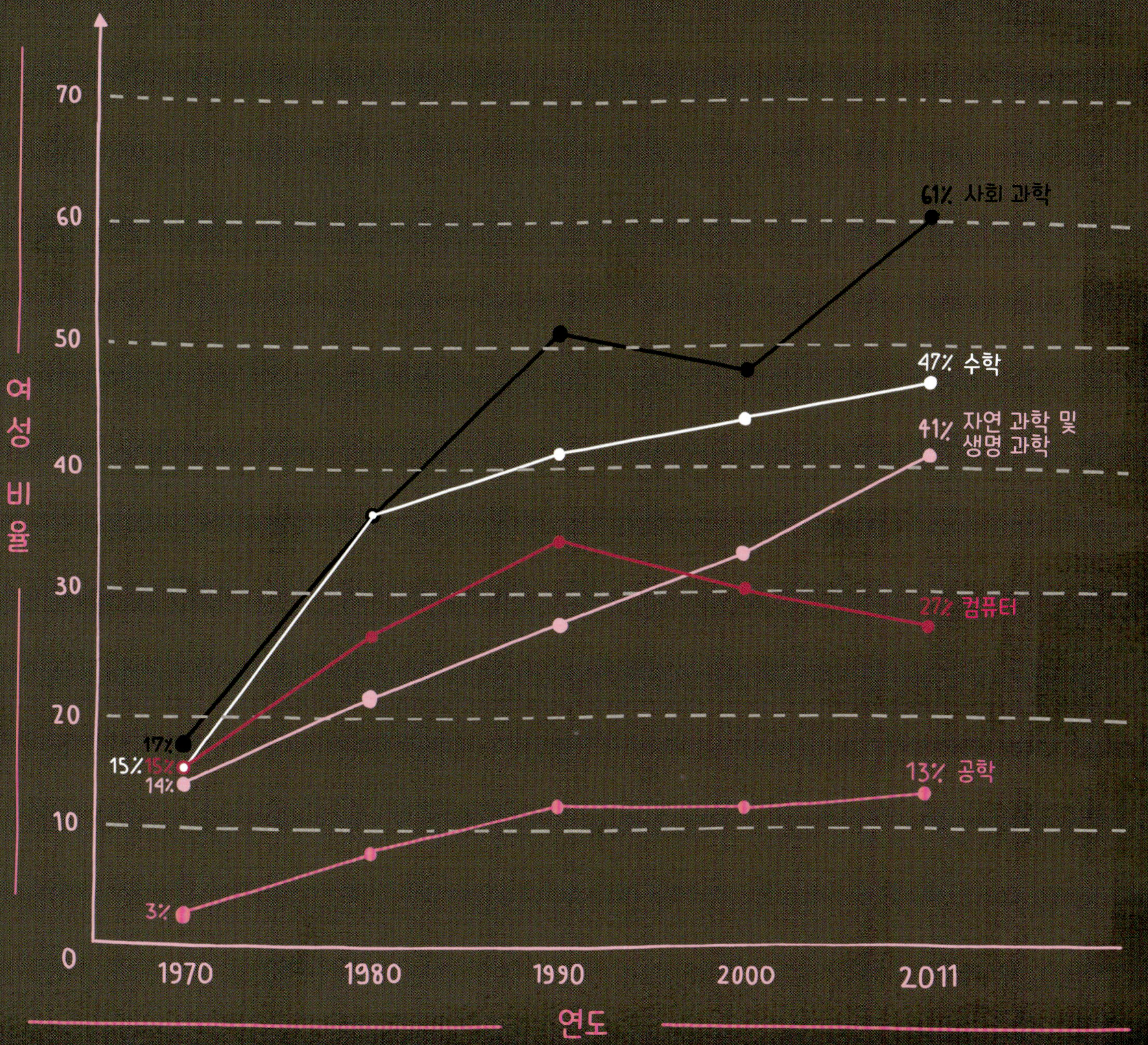

- 61% 사회 과학
- 47% 수학
- 41% 자연 과학 및 생명 과학
- 27% 컴퓨터
- 13% 공학

여성 비율 / 연도

베라 루빈

천문학자

베라 루빈은 1928년에 미국 필라델피아주에서 태어나 워싱턴 D.C.에서 자랐다. 밤하늘을 좋아한 베라는 어릴 때 마분지로 만든 망원경으로 별을 관찰하곤 했다.

베라는 프린스턴 대학교에서 석사 과정을 밟으려 했지만, 그곳 대학원 천문학과에는 여자가 입학할 수 없었기 때문에 대신 코넬 대학교를 택했다. 22살 때 베라는 우주가 회전하고 있다는 이론을 내놓아 과학계에 충격을 안겨 주었다. 이 문제를 두고 오늘날까지 논쟁이 벌어지고 있지만, 대부분의 증거들이 베라가 맞았다는 점을 보여 준다.

조지타운 대학교에서 박사 학위를 받은 베라는 워싱턴의 카네기 연구소에서 일하며 켄트 포드를 만났다. 포드는 먼 곳에서 오는 별빛을 새로운 방법으로 볼 수 있는 개량된 분광계를 발명한 사람이었다. 이 분광계를 쓰면 은하의 항성들에서 나타나는 도플러 효과를 측정할 수 있었다. 베라는 포드의 분광계를 이용해 회전하는 나선 은하를 연구했다. 당시 천문학자들은 태양 주위를 도는 행성들의 속도가 서로 다른 것처럼, 은하 안에서도 중력점에서 멀리 떨어져 있는 천체일수록 더 느리게 움직인다고 생각했다.

베라는 60개가 넘는 나선 은하를 연구했다. 그런데 모든 은하에서 똑같은 결과가 관측되었다. 은하의 중심에서 멀든 가깝든, 모든 천체가 같은 속도로 회전하고 있었던 것이다! 눈에 보이지 않는 어떤 중력이 있는 것일까? 그래서 이런 현상이 일어나는 것일까? 베라는 자신이 발견한 결과를 프리츠 츠비키의 '암흑 물질' 이론과 연결시켰다. 관측할 수 없는 암흑 물질이 중력을 만들어 내면서 우주만물의 움직임에 영향을 미치고 있다고 본 것이다.

당시 대부분의 천문학자들은 이런 보이지 않는 물질이 존재한다는 것을 믿지 않았다. 하지만 베라의 발견을 무시할 수는 없었다. 베라가 내놓은 계산과 관측 결과는, 감지할 수는 없지만 어떤 질량이 존재하며 힘을 행사하고 있다고 가정해야만 나올 수 있는 것이었다. 베라의 발견은 암흑 물질이 존재한다는 가장 강력한 증거였다. 암흑 물질은 우주의 대부분을 차지하고 있지만, 그 정체는 여전히 수수께끼로 남아 있다.

베라는 그 뒤로도 수많은 은하를 관찰하면서 우주에 대한 연구를 이어 갔다. 그는 동료 여성 천문학자들에게 언제나 기꺼이 시간을 내 주는 조언자였다.

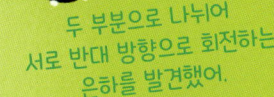

애니 이즐리

컴퓨터 프로그래머, 수학자, 로켓 과학자

애니 이즐리는 1933년에 미국 앨라배마주에서 태어났다. 당시 미국 남부에서는 흑인과 백인을 분리하고 차별하는 법인 '짐 크로 법' 때문에 아프리카계 미국인들이 투표를 하려면 시험을 보아야 했다. 똑똑한 애니는 다른 사람들에게 이 어처구니없는 시험을 통과하는 방법을 가르쳐 주었다. 애니는 평생 동안 자신이 받은 것을 지역 사회에 돌려주며 살았다.

어릴 때부터 간호사가 꿈이었던 애니는 제이비어 대학교에 들어가 한동안 약학을 공부했다. 그러다 클리블랜드로 이사 가서 학업을 계속하려 했으나, 지역 대학교의 약학 과정이 폐지되었다. 그래서 전공을 수학으로 바꾸었고, 미국 초기의 로켓 과학자 가운데 한 사람이 되었다.

애니는 미국 항공 자문 위원회(지금의 나사)에서 수학 계산을 하며 인간 컴퓨터로 일하는 쌍둥이 자매의 이야기를 듣게 되었다. 애니는 자신도 이 일을 할 수 있겠다 싶어서 1955년부터 항공 자문 위원회의 루이스 연구 센터에서 일했다. 나사에 기계식 컴퓨터가 도입된 뒤로는 이를 활용해 수학자로서 일하기 시작했다.

1957년에 러시아(구소련)에서 스푸트니크 호를 발사하자, 나사는 미국에서도 우주로 로켓을 쏘아 보내기 위해 온 힘을 기울였다. 1958년에 나사는 새로운 고에너지 로켓 발사체를 개발하는 센토어 계획을 진행했다. 애니는 이 로켓에 사용될 초창기 우주 항법 프로그램을 만들었다. 다단계 로켓의 윗부분을 구성하는 센토어 로켓은 1960년대 이후 100개가 넘는 나사의 인공위성과 탐사체를 우주로 날려 보냈다.

1970년대에 이르러 나사는 우주에서 지상으로 시선을 돌렸다. 과학자들은 에너지 위기에 대비해 새로운 연료 생산 방식이 필요하다는 것을 깨달았다. 애니는 발전소와 새로운 전기 배터리에 관한 중요한 연구를 수행했고, 태양풍을 측정하는 컴퓨터 프로그램을 만들었다. 그가 연구한 전기 배터리는 오늘날 하이브리드 자동차의 초석이 되었다. 애니 이즐리는 유연한 마음가짐과 자신에 대한 믿음을 가지고 성실하게 노력한다면 놀라운 결과를 만들어 낼 수 있다는 것을 잘 알고 있었다.

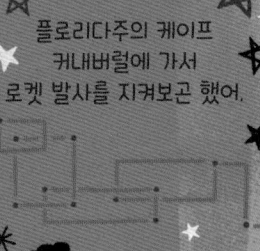

플로리다주의 케이프 커내버럴에 가서 로켓 발사를 지켜보곤 했어.

여가 시간에는 쇠퇴한 지역의 소외 계층 아이들에게 공부를 가르쳤어.

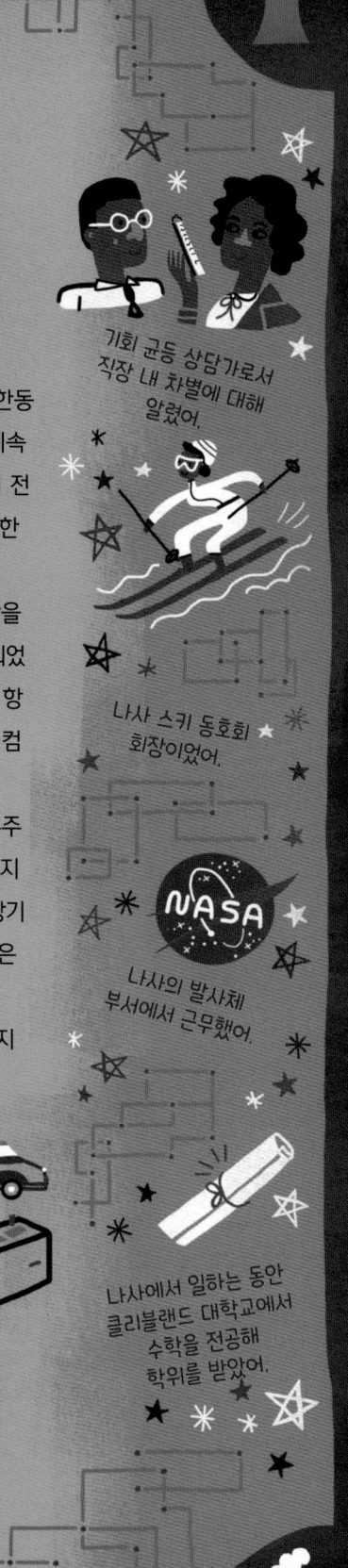

기회 균등 상담가로서 직장 내 차별에 대해 알렸어.

나사 스키 동호회 회장이었어.

나사의 발사체 부서에서 근무했어.

나사에서 일하는 동안 클리블랜드 대학교에서 수학을 전공해 학위를 받았어.

제인 구달
영장류학자, 동물 행동학자, 인류학자

제인 구달은 1934년에 영국에서 태어났다. 동물에 호기심이 많았던 제인은 어릴 때 지렁이를 집에 가져오기도 하고, 닭이 어떻게 알을 낳는지 관찰하려다 닭들을 놀라게 한 적도 있었다. 어른이 된 제인은 아프리카에 가서 야생 동물을 연구하겠다는 꿈을 품었다. 대학에 갈 돈이 없었던 그는 다큐멘터리 제작 조수와 식당 종업원으로 일하며 꿈을 위해 돈을 모았다. 사람들은 여자가 아프리카로 가는 것은 너무 위험하다고 말렸지만, 제인은 돈을 모아 마침내 케냐로 떠났다.

케냐에서 제인은 선사 시대의 인류를 연구하던 과학자 루이스 리키를 만났다. 루이스는 침팬지와 원시 인류 사이에 유사성이 있는지 알아보고자 했다. 루이스는 아프리카를 잘 아는 제인에게 깊은 인상을 받아 제인을 비서로 고용했다. 제인은 정식 교육은 받지 못했지만 자신만의 독특한 관점을 지니고 있었기 때문에, 탄자니아의 곰베 지방으로 가서 침팬지들과 함께 생활하며 연구하기에 딱 알맞은 사람이었다.

처음에 침팬지들은 제인을 쉽사리 믿지 않았다. 침팬지들은 제인을 '이제껏 본 적 없는 하얀 유인원'으로 여기는 듯했다. 그러다 마침내 제인이 '데이비드 그레이비어드'라고 이름 붙인 침팬지 한 마리가 마음을 열었다. 침팬지들이 제인에게 익숙해지면서, 제인은 이전까지 한 번도 관찰한 적 없는 모습을 기록할 수 있었다. 그중에는 침팬지가 도구를 사용한다는 엄청난 발견도 있었다. 이전까지 과학자들은 오직 인간만이 도구를 사용한다고 생각했다.

이 발견으로 이름을 알린 제인은 내셔널 지오그래픽 협회의 후원을 받아 곰베에 머물며 계속 침팬지를 관찰했다. 제인의 연구를 통해 사람들은 침팬지들이 복잡한 위계 사회를 이루고, 저마다 뚜렷한 개성을 지니고 있으며, 동정심과 잔인함을 모두 가지고 있다는 사실을 알게 되었다. 침팬지는 사회적으로도 생물학적으로도 인간과 매우 닮은 동물이었다. 제인은 침팬지에게 닥친 위험도 알게 되었다. 가난한 지역 주민들이 침팬지를 잡아먹고, 잘못된 농업 관습으로 침팬지의 서식지가 파괴되고 있었다. 제인은 침팬지와 침팬지의 서식지를 보호하기 위해 제인 구달 연구소를 세우고, 공동체 활동 프로그램을 만들었다.

제인은 지금도 유엔과 함께 세계 평화를 위해 일하고 있다. 제인은 우리가 동물과 우리 자신에 대해 생각하는 방식을 바꾼 인물이다.

해양 오염과 어류 남획을 막는 보호 구역 조성을 위해 투쟁하고 있어.

1979년 '짐' 잠수 기구를 입고 가장 깊이 잠수한 기록을 세웠어.

내셔널 지오그래픽 전속 탐험가야.

탐험하며 찍은 사진을 사람들에게 보여 주며 세계의 바다를 알리고 있어.

"물이 없으면 생명도 없습니다. 푸른색이 없으면 초록색도 없습니다." — 실비아 얼

실비아 얼

해양 생물학자, 탐험가, 잠수사

바다를 사랑한 실비아 얼은 인류에게 바다의 진정한 모습을 보여 주었다. 그는 달을 밟은 우주 비행사와 마찬가지로, 해저 탐험가로서 이전까지 인류가 가 보지 못한 곳을 개척했다.

1935년에 미국 뉴저지주에서 태어난 실비아는 12살 때 플로리다주로 이사해 멕시코만의 바닷가를 놀이터 삼아 자랐다. 바다의 모든 것을 배우기 위해 실비아는 해양 생물학자가 되었다.

실비아는 1966년에 듀크 대학교에서 해조류에 관한 연구로 박사 학위를 받았다. 학위 논문을 쓰는 동안 스쿠버 다이빙을 하면서 2만 종이 넘는 해조류 표본을 수집했다. 실비아는 계속해서 바다를 탐험했고, 1968년에는 여성 최초로 바닷속에 있는 잠수정에서 감압실을 통해 밖으로 나갔다. 실비아는 바닷속을 잠수할 때면 언제나 더 오래 머물며 더 깊은 곳까지 탐험하려 했다.

1969년에 '텍타이트 계획'이라는 이름으로 새로운 수중 연구 실험실이 개발되었다. 이 실험실은 버진아일랜드 제도 그레이트레임셔 만의 바닷속에 세워졌고, 과학자들이 몇 주 동안 생활할 수 있는 설비가 갖추어져 있었다. 실비아는 이 실험실에 흥미가 있었지만, 연구 팀이 모두 남성으로만 이루어져 있어서 참여할 수가 없었다. 그래서 2차 임무에 지원했고, 이듬해 전원 여성으로 이루어진 텍타이트 2호 팀의 지도자가 되었다. 텍타이트 기지는 수심 15미터 깊이에 있어서 10시간까지 잠수하며 산호초 사이를 돌아다닐 수 있었다.

실비아는 전 세계를 돌아다니며 바다를 더욱 깊이 탐구했다. 1979년에는 '짐'이라 불리는 1인용 잠수 기구를 착용하고 안전줄 없이 가장 깊이 잠수한 기록을 세웠다. 또 하와이 근처 태평양의 깊은 바다에서 빛을 내는 심해 생물을 관찰하는가 하면, 잠수정 '딥 로버' 호의 개발에도 참여했다. 1998년에는 내셔널 지오그래픽 전속 탐험가가 되었다.

실비아는 언제나 우리의 바다를 지키는 일에 힘써 왔다. 오늘날에는 환경 오염과 어류 남획으로 해양 생태계가 파괴되고, 어떠한 생명체도 살아갈 수 없는 저산소 해역이 늘어나고 있다. 실비아는 여전히 강연을 하고 수중 사진을 찍어 세상에 발표하며 해양 보호 구역을 만드는 데 힘쓰고 있다.

'잠수왕 전하', '철갑상어 장군'이란 별명이 있어.

1998년 〈타임〉에서 선정한 첫 번째 '지구의 영웅'이야.

'미션 블루'란 단체를 설립하고 '희망의 장소' 라는 해양 보호 구역을 제정했어.

《800미터 아래》라는 책과 자크 쿠스토의 스쿠버 다이빙 영화에 영향을 받았어.

지속 가능한 해양 탐험에 앞장섰어.

미국 해양 대기 관리처의 수석 과학자였지만 어류 남획에 대한 자신의 의견을 더 자유롭게 말하기 위해 그만두었어.

발렌티나 테레시코바

공학자, 우주 비행사

발렌티나 테레시코바는 1937년에 러시아(구소련)에서 태어났다. 발렌티나의 가족은 아주 가난했다. 정부가 주는 수당으로는 빵도 제대로 살 수 없었다. 그래서 발렌티나는 어릴 때부터 타이어 공장이나 직물 공장에서 일했다. 하지만 언젠가는 세계를 여행하고 탐험하겠다는 꿈을 품고 있었다.

미국과 소련의 우주 개발 경쟁이 시작되자, 소련은 미국보다 먼저 최초의 여성 우주인을 배출하고 싶어 했다. 당시에는 우주에 나갔다 돌아올 때 대류권에서 비행사들이 낙하산을 타고 땅으로 착륙했다. 마침 발렌티나는 낙하산 동호회 회원으로, 비행기에서 뛰어내려 낙하산을 타는 것이 취미였다. 또 공산당 청년 동맹의 열성 당원이기도 했다. 발렌티나만큼 우주 비행사 후보로 알맞은 사람도 없었다.

발렌티나는 우주 비행사 후보로 뽑혀 다른 네 명의 여성들과 경쟁하게 되었다. 훈련 과정은 극비리에 진행되었기 때문에 가족들도 그 사실을 몰랐다. 강도 높은 육체 훈련 속에서도 발렌티나는 발군의 실력을 드러내, 마침내 첫 번째 여성 우주인으로 선발되었다.

발렌티나는 1963년에 홀로 보스토크 6호라는 우주 왕복선을 타고 우주로 날아갔다. 그리고 지구를 48바퀴 도는 신기록을 세웠다. 발렌티나가 우주에서 촬영한 사진은 지구의 대기를 이해하는 데 큰 도움이 되었다.

지구로 돌아오는 길은 순탄하지 않았다. 우주선의 프로그램에 문제가 생겨 직접 바로잡아야 했던 것이다. 발렌티나는 멀미가 나고 방향 감각도 잃은 채 수작업으로 오류를 수정했다. 지구로 돌아오는 길에 발렌티나는 정신을 잃었다가 깨어났고, 코에 멍이 들었으며, 낙하산에서 빠져나올 때는 물구나무를 서야 했다.

발렌티나는 전 세계 사람들에게 여성이 바위처럼 굳센 존재라는 것을 보여 주었다. 우주 비행을 마친 뒤에는 공학 박사 학위를 따고, 항공 우주 공학 분야와 우주인 훈련 프로그램에 계속해서 힘을 보탰다. 또 1968년에 발족한 소련 여성 위원회에도 참여했다. 그는 지금도 러시아 정치계에서 활동하며 세계 평화를 위해 노력하고 있다.

퍼트리샤 배스

안과 의사, 발명가

퍼트리샤 배스는 1942년에 미국 뉴욕 시 할렘에서 태어났다. 퍼트리샤의 부모님은 딸에게 좋은 교육을 시키기 위해 열심히 일했다. 비상한 두뇌의 소유자였던 퍼트리샤는 2년 반 만에 고등학교를 졸업하고 16살이라는 어린 나이에 암 연구를 보조하는 일을 맡았다.

퍼트리샤는 인종 차별과 성 차별을 잘 알고 있었다. 자라면서 여자 의사를 한 명도 본 적이 없었고, 당시 의과 대학은 대부분 백인만 다닐 수 있었다. 그래도 퍼트리샤는 의사가 되고 싶다는 꿈을 포기하지 않았다. 퍼트리샤는 하워드 대학교에서 의학 학위를 받고 할렘 병원에서 인턴 과정을 거친 뒤 컬럼비아 대학교에서 전공의 과정에 들어갔다.

퍼트리샤의 연구는 아프리카계 미국인이 녹내장 같은 특정 안과 질환에 더욱 취약하다는 것을 보여 주었다. 가난한 지역에 사는 사람들은 정기적으로 안과 검진을 받지 못하기 때문에 비교적 사소한 눈병에 걸려도 실명으로 이어지곤 했다. 퍼트리샤는 이 불평등을 그냥 지켜보고만 있을 수 없었다. 그래서 자원봉사자들을 기반으로 하여 최초의 지역 사회 안과 진료 프로그램을 시작했다. 퍼트리샤는 빈곤층이 많은 자신의 고향 할렘 지역으로 들어가 일했고, 동료 의사를 설득해 무료로 환자를 수술해 주기도 했다. 나아가 '시력은 곧 인권'이라는 믿음으로 미국 실명 예방 협회를 공동으로 창립했다.

퍼트리샤는 캘리포니아 대학교 로스앤젤레스 캠퍼스의 교수가 되었다. 안과 대학의 첫 번째 여성 교수가 된 퍼트리샤는 동료들에게 제대로 존중받지 못할 때가 많았다. 사무실로 쓰기에 열악한, 실험동물 보관실의 옆방을 배정받았을 때는 꿋꿋하게 맞서 그 사무실을 거부하기도 했다.

퍼트리샤는 대학의 '유리 천장'에 수없이 부딪혀 가며 끝내 안과 레지던트 훈련 과정의 주임 교수 자리에 올랐다. 또 유럽에서도 연구하며 훌륭한 성과를 올렸다. 1986년 퍼트리샤는 레이저로 백내장을 제거하는 '레이저패코 탐침'을 세상에 내놓았다. 이 기구는 전 세계 사람들의 시력을 되찾아 준 획기적인 발명품이 되었다. 퍼트리샤는 지금도 실명 예방 협회와 함께 일하며, 사람들에게 눈병을 예방하는 진료와 시력 회복 수술을 지원하고 있다.

어머니에게서 처음으로 화학 실험 도구를 선물 받았어.

퍼트리샤의 노력으로 1970년 할렘 병원에서 최초의 큰 안과 수술이 시행되었어.

개발 도상국 어린이들에게 홍역 예방 접종을 실시했어.

한센병 치료에 힘쓴 알베르트 슈바이처 박사에게 감명받아 의사가 되었어.

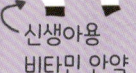

신생아용 비타민 안약

안과 레지던트 과정을 마친 최초의 아프리카계 미국인이야.

1998년 아프리카계 미국인 여성 최초로 의학 특허를 획득했어.

미국 실명 예방 협회를 공동으로 창립했어.

보인다!

오랫동안 앞을 볼 수 없었던 사람들에게 시력을 되찾아 주었어.

크리스티아네 뉘슬라인폴하르트

생물학자

크리스티아네 뉘슬라인폴하르트는 1942년에 독일에서 태어났다. 예술가들이 가득한 집안에서 자랐지만, 크리스티아네는 식물과 동물을 공부하는 데 더 관심이 많았다. 12살 때 생물학자가 되겠다는 꿈을 품은 크리스티아네는 그 목표를 이루기 위해 온 힘을 기울였다. 그 때문에 다른 과목을 소홀히 하기도 했다.

당시 독일에서는 대학생 대부분이 남자였고, 여자가 있어야 할 자리는 가정이라고 여겨졌다. 대학교는 매우 경쟁적인 환경이었고, 크리스티아네는 연구를 하기 위해서는 희생을 감수해야 한다는 것을 깨달았다. 분자 생물학으로 박사 학위를 받은 크리스티아네는 연구의 초점을 유전학에 맞추었다.

크리스티아네는 초파리를 연구하면서 초파리가 성장하는 모습에 매료되었다. 수정된 세포가 어떻게 복잡한 신체 구조를 지닌 동물이 되는 것일까? 유전자는 어떻게 줄기세포에 성장하라는 명령을 내리는 것일까? 크리스티아네는 이러한 질문들의 답을 찾아나갔다.

크리스티아네는 파리의 배아를 수집해 돌연변이 유발 요인에 노출시키는 고된 작업을 시작했다. 이 실험을 통해 파리의 어떤 부분이 돌연변이에 영향을 받는지 알아볼 수 있었다. 지루한 유전자 실험과 검사를 거듭한 끝에 크리스티아네와 동료들은 성공을 거두었다. 어떤 유전자가 배아의 패턴 형성에 관여하고, 어떤 유전자가 파리의 몸마디 같은 기본 구조를 결정하는지 알아낸 것이다.

이 공로로 크리스티아네는 1995년에 노벨 생리 의학상을 수상했다.

크리스티아네의 연구를 계기로 사람들은 인간의 배아가 어떻게 발달하는지, 종이 어떻게 진화하는지 더욱 깊이 이해할 수 있었다. 또 의사들은 태아의 선천적인 결함을 검진하고 산모들이 유산하는 원인을 파악할 수 있게 되었다.

현재 크리스티아네는 열대어인 제브라 피시를 이용해 돌연변이 유전자를 연구하고 있으며, 다른 연구자들이 요청하면 기꺼이 자신이 만든 돌연변이 물고기를 나누어 주고 있다.

파리 배아를 모으는 블록 방식을 개발했어.

유전학 연구를 위해 약 50만 마리의 제브라 피시를 보유하고 있어.

머리 없이 꼬리만 둘인 돌연변이 파리를 연구했어.

어릴 때 취미는 정원을 가꾸고 달팽이나 곤충을 수집하는 거였어.

'파리 여왕', '초파리의 귀부인'이라는 별명으로 신문에 실렸어.

파리가 나오는 꿈을 꾸기도 했어.

크리스티아네 뉘슬라인폴하르트 재단은 여성 과학자들의 어린이집 비용을 지원해.

조슬린 벨 버넬

천체 물리학자

조슬린 벨 버넬은 1943년에 북아일랜드에서 태어났다. 조슬린의 집에서는 언제나 교육이 최우선이었다. 조슬린이 다니던 중등학교에서 여학생을 과학 실험실에 못 들어가게 하자, 부모님이 한바탕 난리를 피워서 수업에 넣어 준 일도 있었다. 조슬린은 보란 듯이 좋은 성적을 받았다.

조슬린은 글래스고 대학교에서 힘들게 학부 과정을 공부했다. 물리학과에서 몇 안 되는 여학생 가운데 한 명이었기 때문이다. 조슬린이 과학 강의실에 나타날 때마다 남학생들은 조슬린에게 야유를 보내며 외모를 평가하곤 했다.

조슬린은 고개를 꼿꼿이 들고 공부에 매진했고, 1965년에 우수한 성적으로 학교를 졸업했다. 나아가 케임브리지 대학교의 대학원에 입학해 1969년 박사 학위 과정을 마쳤다.

케임브리지 대학교에서 조슬린은 앤터니 휴이시 교수의 연구 팀에 들어가 거대한 전파 망원경을 만드는 일을 도왔다. 또 우주에서 오는 전파 신호를 출력한 길고 지루한 인쇄물을 해독하기도 했다. 어느 날 새벽 2시 무렵, 조슬린은 신호에서 뭔가 이상한 부분을 발견했다. 아주 먼 우주에서 맥박처럼 일정한 주기를 가진 전파가 날아오고 있었다. 지도 교수들은 그것이 우주 저 너머에서 외계 생명체가 보낸 신호일지도 모른다고 생각했다.

조슬린은 이러한 전파가 우주의 다른 곳에서도 날아오는 것을 확인했다. 이 전파가 외계인의 신호가 아니라 자연적인 현상이라는 증거를 잡은 것이다. 이 전파는 '펄서'라는 작고 밀도 높은 별에서 나온 것이었다. 이런 형태의 중성자별은 빠르게 자전하면서 마치 등대처럼 복사광선을 내뿜었다. 조슬린의 펄서 연구는 지도 교수인 앤터니 휴이시가 노벨 물리학상을 타는 데 도움을 주었고, 별의 생애 주기를 밝히는 데 힘을 보탰다. 조슬린은 영국에서 몇 안 되는 여성 물리학 교수가 되었다. 그는 지금도 별과 블랙홀을 연구하며, 모든 원소는 폭발하는 별에서 왔고 우리 인간도 별을 구성하는 물질로 이루어져 있다는 사실을 널리 알리고 있다.

24살에 펄서를 발견했어.

펄서 신호는 'LGM(Little Green Men, 작은 초록 인간)'이라는 별명으로 불렸어.

어릴 때 최초의 인공위성 이름을 딴 '보스토크'라는 고양이를 길렀어.

2002년부터 2004년까지 영국 왕립 천문학회 회장을 지냈어.

과학 저널 <네이처>에 펄서의 발견을 발표했어.

더 많은 여성들이 과학계에 진출해야 한다고 주장했어.

사우란 우
입자 물리학자

사우란 우는 1940년대 초 일본 점령기의 홍콩에서 태어났다. 어머니는 글을 읽지 못했고 교육도 받지 못했지만, 사우란 남매에게 좋은 교육을 시키기 위해서라면 어떤 일도 마다하지 않았다. 하지만 아버지는 그렇지 않았다.

아버지의 뜻과 반대로 사우란은 미국의 대학교에 50군데나 원서를 냈다. 그리고 1960년에 배서 대학교에 전액 장학생으로 입학했다. 학교에서는 기숙사와 식비는 물론 옷과 책까지 지원해 주었다.

사우란은 최고 성적으로 학교를 졸업하고 하버드 대학교 물리학 석사 과정에 들어갔다. 그는 그해 물리학과의 유일한 여자 입학생이었다.

하버드 대학교에서 박사 학위를 받은 사우란은 MIT, 독일 전자 싱크로트론 연구소, 위스콘신 대학교 매디슨 캠퍼스에서 입자 물리학 연구를 시작했다. 입자 물리학은 물질과 물질의 작용을 다루는 학문이다. 원자는 양성자와 중성자로 이루어져 있고, 양성자와 중성자는 쿼크로 이루어져 있다. 사우란은 이 입자들의 비밀을 밝히는 데 평생을 바치기로 결심했다.

1974년에 사우란은 새뮤얼 팅이 이끄는 연구 팀과 함께 소립자 가운데 하나인 '맵시 쿼크'를 발견했다. 이후 새로운 연구 팀의 지도자가 되어 쿼크를 하나로 묶어 주는 입자인 글루온도 발견했다.

그때까지 물리학 분야에서 답을 찾지 못한 질문이 있었다. '원자를 이루는 작은 입자들은 어떻게 해서 질량을 가지는 것일까?' 1964년, 이론 물리학자 피터 힉스가 '힉스 보손'이라는 입자를 통해 물질이 질량을 가지게 되는 원리를 설명했다. 말하자면 우주 전체에 힉스장이 깔려 있고 이 힉스장을 구성하는 입자인 힉스 보손이 다른 입자들과 상호 작용하며 질량을 부여한다는 것이다. 이 이론을 증명하려면 힉스 보손을 찾아야 했다. 사우란은 이것이 미식 축구장만 한 건초 더미에서 바늘을 찾는 것과 같다고 말했다.

여러 팀이 입자 충돌기를 이용해 힉스 보손의 증거를 찾아내는 일에 매달렸다. 사우란도 그 가운데 한 팀을 이끌며 연구에 매진했고, 2012년 힉스 보손을 관찰해 내는 데 중요한 역할을 했다.

수없이 획기적인 발견을 해낸 사우란 우는 오늘날 가장 중요한 입자 물리학자 가운데 한 사람으로 손꼽힌다. 사우란은 지금도 연구와 강의를 계속하며 우주의 모든 물질이 무엇으로 만들어져 있는지 탐구하고 있다.

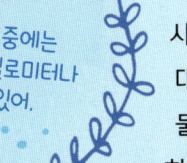
입자 가속기 중에는 길이가 약 27킬로미터나 되는 것도 있어.

1995년 유럽 물리학회의 고에너지 물리학상을 수상했어.

미국 예술 과학 아카데미의 석학 회원이야.

중요한 발견을 최소한 세 가지는 해내겠다는 목표를 달성했어.

힉스 보손은 '신의 입자'로 불려.

브룩헤이븐 국립 연구소에서 개최한 여름 학교에서 입자 물리학의 세계를 알게 되었어.

존경하는 인물은 어머니야.

마리 퀴리 전기를 읽고 과학자의 꿈을 품었어.

엘리자베스 블랙번

분자 생물학자

엘리자베스 블랙번은 1948년에 오스트레일리아 태즈메이니아에서 태어났다. 엘리자베스는 주변의 모든 동물을 친구로 여겼다. 동물을 사랑하는 마음은 곧 생물학에 대한 열정으로 이어졌다.

오스트레일리아에서 석사 과정을 마친 엘리자베스는 박사 학위를 따기 위해 영국으로 떠났다. 엘리자베스는 케임브리지 대학교에서 박테리오파지의 DNA 염기 서열을 연구해 학위를 받았다. 모든 생명체의 열쇠인 DNA를 연구하는 일은 엘리자베스에게 짜릿한 전율을 안겨 주었다. 엘리자베스는 새로이 발견한 이 흥미로운 주제를 계속 탐구하기 위해 미국으로 건너갔다.

염색체는 DNA 물질이 실타래처럼 단단하게 감겨 있는 것으로, 모든 세포 속에 존재하며 세포가 우리 몸속에서 무슨 일을 해야 하는지 알려 주는 중요한 역할을 한다. 1970년대에는 아무도 염색체의 끝부분이 어떻게 생겼는지 알지 못했다. 현미경으로 보면 그저 흐릿한 얼룩처럼 보였다.

엘리자베스는 염색체의 양 끝에 보호 마개 역할을 하는 특수한 DNA가 있다는 걸 알아냈다. 이 부분을 '텔로미어'라고 한다. 텔로미어는 세포가 분열할수록 점점 짧아지는데, 텔로미어 길이가 한계점에 이르면 더 이상 세포 분열이 일어나지 않는다. 이것이 바로 노화이다. 노화한 세포는 제대로 작동하지 못해 결국 죽게 되고, 그로 인해 암이나 장기 부전, 알츠하이머병 같은 질병이 생길 수 있다.

엘리자베스는 1984년에 대학원생 캐롤 그라이더와 함께, 텔로미어를 건강한 길이로 재건하는 효소인 텔로머레이스를 공동으로 발견했다. 그 공로로 2009년에 노벨 생리 의학상을 수상했다.

엘리자베스 블랙번의 연구는 텔로미어의 길이를 건강하게 유지하는 것이 건강과 장수의 직접적인 원인이라는 것을 보여 주었다. 하지만 텔로머레이스는 만능 요술 지팡이가 아니다. 텔로머레이스가 너무 많으면 암이 생길 수 있기 때문이다. 엘리자베스는 이것을 '칼날 위에서 살아가는 것' 같다고 말했다. 엘리자베스는 지금도 텔로미어와 텔로머레이스를 연구하며 장수의 과학을 밝혀내기 위해 노력하고 있다.

운동, 수면, 낮은 스트레스, 건강한 식단은 텔로미어를 건강하게 유지하는 데 도움이 돼.

예일 대학교와 캘리포니아 대학교에서 연구했어.

난 연못 물을 더럽히지.

텔로미어 연구를 위해 '테트라히메나'라는 원생동물을 이용했어.

1998년에 미국 세포 생물학회 회장으로 선출되었어.

2007년 〈타임〉에서 선정한 '세계에서 가장 영향력 있는 인물 100인'으로 뽑혔어.

바버라 매클린톡을 만났을 때 자신의 직감을 믿으라는 조언을 들었어.

카티아 크라프트

지리학자, 화산학자

카티아 크라프트는 1942년에 프랑스에서 태어났다. 카티아는 화산 사진을 본 순간 화산과 사랑에 빠졌다. 그래서 스트라스부르 대학교에서 지질학을 공부했고, 그곳에서 동료이자 남편이 될 모리스 크라프트를 만났다.

카티아는 화산 가스 표본을 모으면서 화산학자로 첫 발을 내디뎠고, 모리스와 함께 화산 분출을 직접 관찰하며 기록으로 남겼다. 화산은 예측할 수 없고 위험하기 때문에 직접 관찰하기를 꺼리는 과학자들이 많았지만, 모리스와 카티아는 달랐다. 두 사람은 1970년대와 1980년대 내내 화산 분출을 기록했다. 카티아는 사진을 찍고, 모리스는 비디오로 촬영했다.

크라프트 메달은 뛰어난 화산학자에게 주는 상이야.

1968년 모리스와 함께 화산 연구 센터를 설립했어.

카티아와 모리스의 관찰 자료 덕분에 사람들은 화산 분출에 대해 더 잘 이해할 수 있었다. 두 사람은 분출하는 화산 바로 옆에서 용암의 점도를 측정하고, 화산 가스를 분석하고, 광물 표본을 수집했다. 그리고 이러한 화산 분출이 생태계에 어떤 영향을 미치는지 기록했다.

카티아와 모리스는 새로운 화산이 생겨나는 과정과 산성비의 영향, 화산재의 위험을 함께 목격하고 기록했다. 심지어 자료를 정확하게 해석하기 위해 고무보트를 타고 산성 호수에 들어가기도 했다.

떨어지는 돌멩이에 머리를 맞지 않도록 특수 헬멧을 썼어.

모리스와 함께 많은 책을 써서 전 세계를 여행할 경비를 마련했어.

두 사람은 직접 촬영한 사진과 비디오를 활용해 지역 정부와 함께 안전 수칙과 대피 절차를 마련했다. 두 사람은 화산의 위험성에 관한 여러 가지 영상물을 만들고서도 몸을 사리기는커녕 계속해서 위험 속으로 뛰어들었다. 화산을 더 가까이에서 관찰하기 위해 자꾸 한계를 넓혀 나갔고, 화산이 분출하는 동안 머무르는 시간도 더욱 늘려갔다.

1991년에 두 사람의 운이 다하고 말았다. 일본의 운젠 화산을 조사하던 중 분출한 용암이 갑작스레 경로를 바꾸어, 41명의 다른 과학자와 기자들과 함께 카티아와 모리스의 목숨을 앗아간 것이다.

카티아는 사랑하는 사람과 함께 사랑하는 일을 하다가 죽었다. 오랫동안 카티아는 화산의 바로 발치에서 화산을 연구했다. 용기와 전문성으로 우리에게 화산에 대한 지식을 넓혀 준 카티아의 업적은 오래도록 남아 있을 것이다.

미국 PBS 다큐멘터리 '네이처' 시리즈의 <화산 관찰자들> 편에 출연했어.

방향을 바꾼 화산 쇄설류에 목숨을 잃고 말았어.

메이 제미슨

우주 비행사, 교육자, 의사

건강 검진을 하던 중 우주 비행사 시험에 합격했다는 소식을 들었어.

메이 제미슨은 언젠가는 자신이 우주에 가리라는 것을 의심하지 않았다. 메이는 1956년에 미국 앨라배마주에서 태어나 일리노이주의 시카고에서 성장했다. 어린 시절 아폴로 계획에 열광했지만, 우주 비행사 중에 자신과 닮은 사람이 한 명도 없다는 것을 알았다. 하지만 TV 드라마 《스타 트렉》에서 다양한 종족과 성별의 인물들이 함께 일하는 것을 보며 큰 영향을 받았다. 등장인물 가운데 흑인 여성인 우후라 대위는 메이의 롤모델이 되었다.

메이는 스탠퍼드 대학교에서 화학 공학과 아프리카 미국학을 복수 전공했다. 그 뒤 코넬 대학교 의과 대학에 진학해 의사가 되었다. 메이는 몇 년 동안 시에라리온과 라이베리아에서 평화봉사단으로 활동하기도 했다. 그러다 어릴 적 꿈을 이루기 위해 나사에 우주 비행사로 지원했다.

어릴 때 아버지에게 카드놀이 기술을 배웠어.

1992년에 메이 제미슨은 아프리카계 미국인 여성 최초로 우주인이 되었다. 메이는 아프리카계 미국인 여대생들이 만든 '알파 카파 알파' 여성회 깃발과 서아프리카 분두 지역의 조각상, 그리고 흑인 무용가인 주디스 제미슨이 춤추는 모습의 포스터를 가지고 우주 왕복선 엔데버 호에 올랐다. 아프리카와 아프리카계 미국인들의 문화가 소외되지 않기를 바라며 상징적인 물건을 가져간 것이다.

8일 동안 우주에서 머무르는 임무를 수행했어.

이듬해 메이는 나사를 떠나 기술 컨설팅 회사인 제미슨 그룹을 비롯해 여러 회사를 차렸다. 또 바이오센티넌트 사를 창립해 의사들이 환자의 신경계 기능을 매일 모니터할 수 있는 장치를 개발하고 있다.

오늘날 우리가 일상에서 쓰는 물건 중에는 우주 개발 과정에서 발명된 것이 많다. 메이는 이 사실에 착안해 '100년 스타십 프로젝트'를 발표했다. 이 프로젝트의 목표는 앞으로 100년 안에 인류가 태양계 밖으로 진출하는 것이다. 옛날의 미국과 소련의 우주 경쟁 과정에서 다양한 기술 발전이 이루어졌듯이, 이 프로젝트를 통해 자원, 재활용, 에너지, 연료 문제를 해결하는 새로운 방법이 마련될 수 있다. 메이 제미슨 박사는 지금도 하늘의 별을 바라보며 땅 위의 문제들을 해결하는 데 힘쓰고 있다.

우주에서 가장 먼저 알아본 지구의 지형지물은 자신의 고향인 시카고였어.

우주에 있는 동안 골세포 실험을 했어.

16살 때 스탠퍼드 대학교 장학생으로 선발되었어.

《스타 트렉: 더 넥스트 제너레이션》의 한 에피소드에 출연했어.

어린이를 위한 과학 캠프 '함께 나누는 지구'를 창설했어.

무용가로도 활동했어.

마이브리트 모세르

심리학자, 신경학자

마이브리트 모세르는 1963년에 노르웨이에서 태어났다. 부모님은 대학에 가지 않았지만, 어머니는 언제나 의사가 되지 못한 것을 아쉬워하며 딸에게 늘 자신이 못다 이룬 꿈을 따르라고 독려했다.

마이브리트는 오슬로 대학교에 입학해서 심리학을 공부했다. 그러다 고등학생 때부터 알고 지내던 에드바르 모세르와 사랑에 빠져 결혼했고, 연구도 함께하게 되었다. 마이브리트는 실험실 쥐들의 행동을 연구하는 데 매료되었고, 더 많은 것을 알고 싶은 마음에 교수에게 "뇌를 공부할 순 없을까요?" 하고 조르기도 했다. 마이브리트와 에드바르는 1995년에 신경 생리학 박사 학위를 받고 졸업했다.

우리는 인간의 뇌가 어떻게 작용하는지 지금도 완전히 알지 못한다. 내가 있는 위치나 집으로 가는 길을 기억하는 것은 간단해 보이지만, 거기에도 뇌의 어디에 정보가 저장되며 어떻게 기억이 형성되는가 하는 복잡한 문제가 얽혀 있다. 마이브리트와 에드바르는 이러한 질문에 답을 찾고, 인간이 공간 속에서 어떻게 길을 찾는지 이해하고 싶었다. 두 사람의 주된 연구는 미로 속에서 길을 찾는 쥐의 뇌 활동을 모니터하는 것이었다.

2005년에 에드바르와 마이브리트는 '격자 세포'라는 새로운 유형의 신경 세포를 발견했다. 격자 세포는 내후각 피질에서 생성되며 해마에 있는 장소 세포와 상호 작용한다. 쥐가 미로 속에서 이동하면 격자 세포가 '좌표' 지도를 만들어 낸다. 이를 통해 쥐는 중요한 장소, 예컨대 음식물이나 하얀 종잇조각을 보았던 장소를 기억하고, 그것과 연관 지어서 자신의 위치를 파악한다.

우리는 새로운 장소에 갈 때마다 격자 세포와 장소 세포를 이용해 GPS처럼 지도를 만들어 낸다. 격자 세포는 기억에 중요한 역할을 하며, 격자 세포가 손상되면 기억력이 나빠진다. 과학자들은 알츠하이머병 같은 기억과 관련된 질병을 치료하기 위해 격자 세포를 연구하기도 한다.

마이브리트와 에드바르는 우리 뇌의 정보 처리 작용을 이해하는 새로운 방법을 제시한 공로로 2014년에 함께 노벨 생리 의학상을 받았다. 마이브리트는 지금도 인간의 뇌를 연구하며 그 비밀을 풀고 있다.

격자 세포는 우리 뇌 속에 삼각형과 육각형 모양으로 가지런히 배열되어 있어.

냄새가 기억을 활성화하는 과정을 주제로 논문을 발표했어.

어릴 적 어머니가 꾀 많은 영웅의 이야기를 들려주곤 했어.

스트레스가 어떻게 기억력을 약하게 만드는지 연구했어.

마이브리트와 에드바르는 딸 둘을 낳았어.

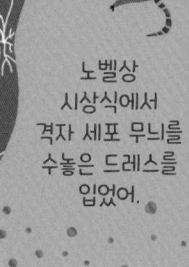
노벨상 시상식에서 격자 세포 무늬를 수놓은 드레스를 입었어.

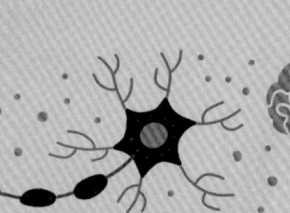
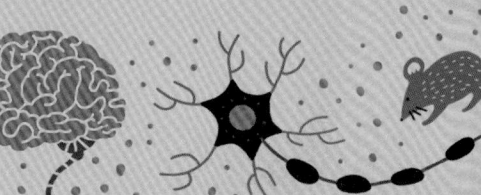

마리암 미르자하니

수학자

마리암 미르자하니는 1977년에 이란에서 태어나 손에 잡히는 모든 책을 읽으며 자랐다. 원래는 작가가 되고 싶었고 수학에는 그다지 관심이 없었지만, 고등학생 때 국제 수학 경진 대회 문제지를 손에 넣게 되었다. 남학생들과 같은 수학 교육을 받았다면 몇 시간이면 풀 수 있는 문제지였지만 마리암은 며칠 동안 끙끙거리며 풀었다. 마리암은 이 새로운 도전에 흥분했고 자신이 다니던 여자 고등학교에서도 남자 학교와 똑같은 수학 수업을 받게 해 달라고 요구했다.

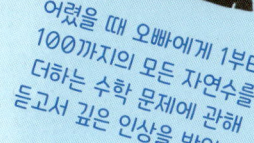

어렸을 때 오빠에게 1부터 100까지의 모든 자연수를 더하는 수학 문제에 관해 듣고서 깊은 인상을 받았어.

마리암은 미국으로 건너가 하버드 대학교 대학원에서 공부했다. 마리암은 형태의 표면과 그것이 휘어질 때 어떤 일이 일어나는지 알아내는 데 흥미를 느꼈다. 마리암은 수학에서 아름다움을 찾아내는 일을 즐기며 쌍곡면에 주목했다. '쌍곡 도넛'이라는 추상적인 형태가 있다. 이 형태를 이해하려면 그 안에 있는 '단순한' 측지선(두 점 사이를 잇는 가장 짧은 곡선)을 찾아야 했다. 이 작업은 믿기지 않을 만큼 어려웠다. 마리암은 단순한 측지선의 개수와 쌍곡면 구조의 길이 사이에 어떤 관계가 있는지를 보여 주는 방정식을 만들었다. 마리암의 연구는 굴곡진 형태와 그 표면을 이해하는 근간이 되었다.

끈 이론의 대가인 에드워드 위튼의 이론을 새롭게 증명했어.

수학자들 사이에서는 또 하나 풀지 못한 문제가 있었다. 마찰이 없다는 가정 하에, 당구대의 한 지점에서 출발한 당구공이 당구대 벽에 부딪히며 영원히 굴러다닌다고 해 보자. 이때 당구공은 출발점으로 돌아올까, 돌아오지 않을까? 당구대의 모양이 사각형이 아니라 다각형이라면 어떻게 될까? 이 문제는 너무나도 복잡했다. 수학자들은 이 문제를 다음과 같은 방식으로 고민해 보았다. 공이 당구대 안에서 튕기며 돌아다니는 것이 아니라, 거꾸로 당구대가 공의 궤적을 따라간다고 상상한 것이다. 다시 말해 공은 계속 직선으로 나아가고, 당구대가 공이 부딪힌 면에서 거울처럼 반사되면서 연속해서 이어지는 것이다. 마리암은 이 방식을 통해 당구공의 움직임에 일정한 규칙성이 있다는 것을 알아냈다. 이는 입자의 움직임을 연구할 때에도 적용할 수 있기 때문에, 기하학은 물론이고 물리학과 양자 이론을 발전시키는 데에도 기여했다.

커다란 종이에 쌍곡 도형을 그려 가며 연구했어.

마리암은 2014년에 한국에서 열린 세계 수학자 대회에서, 최초로 필즈상의 영예를 안은 여성이 되었다. 그 뒤로도 스탠퍼드 대학교에서 계속 연구하며, 2017년 세상을 떠날 때까지 수학의 한계를 넓혔다.

필즈상은 수학계의 노벨상이라 불려.

필즈상 외에도 블루멘탈 상, 새터 상, 클레이 연구상 등을 받았어.

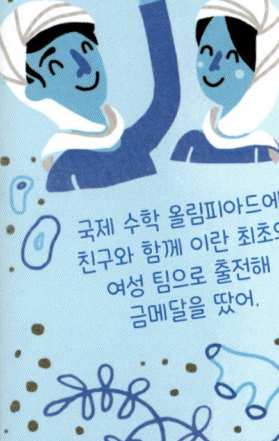

국제 수학 올림피아드에 친구와 함께 이란 최초의 여성 팀으로 출전해 금메달을 땄어.

더 많은 여성 과학자들

이렌 졸리오 퀴리
―― 1897-1956 ――

프랑스의 물리학자로, 마리 퀴리의 딸. 인공 방사성 원소를 합성해 노벨 화학상을 받았다.

자나키 아말
―― 1897-1984 ――

인도의 식물학자. 여러 품종의 사탕수수를 교배해 품종을 개량하는 연구를 했다. 인도 식물 조사국에서 일했다.

애나 제인 해리슨
―― 1912-1998 ――

미국 화학회의 첫 번째 여성 회장. 원자가 어떻게 분자가 되는지를 연구했다.

셜리 앤 잭슨
―― 1946- ――

미국의 물리학자. 렌셀러 폴리테크닉 대학교 총장이자, MIT에서 박사 학위를 받은 최초의 아프리카계 미국인 여성이다.

린다 벅
―― 1947- ――

미국의 면역학자이자 신경 생물학자. 후각 기관이 냄새를 이해하는 원리를 연구해 노벨 생리 의학상을 받았다.

프랑수아즈 바레시누시
―― 1947- ――

프랑스의 바이러스학자. 인간 면역 결핍 바이러스(HIV)를 발견해 노벨 생리 의학상을 받았다.

마리아 미첼
1818-1889
미국 최초의 여성 천문학자. '미첼 양의 혜성'을 발견했다.

에밀리 로블링
1843-1903
미국 브루클린 다리 건설을 지휘한 책임자. 설계자인 시아버지 존 로블링이 사망하고 현장을 지휘하던 남편 워싱턴 로블링이 병에 걸리자, 토목 공학을 직접 배워 다리를 완공시켰다.

소피야 코발렙스카야
1850-1891
러시아(구소련)의 수학자. 편미분 방정식을 연구하고 코시-코발렙스카야 정리를 증명했다.

메리 리키
1913-1996
영국의 고인류학자. 고대 인류의 화석을 발굴하고 연구하여, 인류의 진화를 이해하는 방식을 바꾸어 놓았다.

이디스 플래니건
1929-
미국의 화학자. 분자를 크기별로 분리하는 분자체를 이용한 원유 가공법과 수질 정화법을 발명했다. 합성 에메랄드 같은 신소재를 개발하기도 했다.

아다 요나트
1939-
이스라엘의 화학자. 단백질을 합성하는 물질인 리보솜의 구조를 발견하고 2009년에 노벨 화학상을 수상했다.

샐리 라이드
1951-2012
미국의 우주 비행사. 미국 최초의 여성 우주인으로, 캘리포니아 대학교의 물리학 교수와 우주 연구소장을 지냈다.

테시 토머스
1963-
인도의 공학자. 강력한 핵 탄도 미사일 개발을 지휘했다.

바로 너!
이다음에 올 사람은 바로 너야! 세계 곳곳에서 열심히 노력하는 여성 과학자들이 또 다른 커다란 도약을 이루어 낼 거야!

맺음말

인류는 끊임없이 지식을 탐구하며 발전할 수 있었다. 인구의 절반을 차지하는 여성의 지성과 능력은 결코 무시할 수 없다. 이 책에 나오는 여성들은 우리가 성별, 인종, 배경에 상관없이 누구나 위대한 일을 해낼 수 있다는 것을 세상에 증명했다. 이들의 유산은 지금도 살아 숨 쉬고 있다. 오늘날에도 여전히 세계 곳곳에서 자신의 모든 것을 걸고 탐구하며 새로운 세계를 탐험하는 여성들이 있다.

이 개척자들의 업적을 기리며 다음 세대에 힘을 북돋아 주자. 우리는 이들이 떠난 자리를 이어받아 계속해서 지식을 탐구해 나갈 수 있다.

우리 함께 새로운 문제에 달려들어 대답을 찾아보자. 그리고 배울 수 있는 모든 것을 배우며, 새로운 발견을 해 보자!

낱말 풀이

글리코겐
동물의 간이나 근육에 저장되어 있는 다당류.

나사(NASA)
미국 국립 항공 우주국으로, 미국의 우주 개발에 관한 일을 수행한다.

노벨상
전 세계에서 가장 영예로운 상으로, 물리학, 화학, 생리 의학, 문학, 경제학, 평화 분야에 해마다 수여한다.

노예제 폐지 운동가
노예제와 노예 무역을 폐지하기 위해 노력하는 활동가.

뇌터 정리
질량, 에너지, 운동량 등의 보존 법칙 때문에 어떠한 물리적 작용이 있을 때마다 예측 가능한 대칭성이 있으리라는 것을 증명하는 정리.

담배 모자이크 바이러스
인류가 최초로 발견한 바이러스. 담배 모자이크병을 일으키는 바이러스로, 이 병에 걸린 담배는 잎에 모자이크 모양의 반점이 생기고 말라 죽는다.

대공황
1930년 무렵 미국에서 시작되어 전 세계로 퍼져 나간 심각한 경제 위기.

도플러 효과
소리나 빛 같은 파동을 내는 물체와 그 파동을 관측하는 사람 중 한쪽 이상이 움직이고 있을 때 파동의 진동수가 달라지는 현상. 예컨대 구급차가 다가올 때 사이렌 소리가 점점 높아지다가, 지나쳐서 멀어지면 소리가 낮아지는 것도 도플러 효과 때문이다.

돌연변이
유기체의 유전자 염기 서열에서 일어나는 영구적인 변화. 번식 중 세포에서 DNA가 분열할 때 암호의 일부분이 없어지거나 더해지면서 일어날 수 있다.

동위 원소
원자 번호는 같지만 중성자의 수가 서로 다른 원소들. 같은 원소라도 서로 다른 동위 원소가 여럿 있을 수 있는데, 원자 질량은 다르지만 양성자 수는 모두 똑같다.

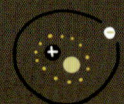

맨해튼 계획
제2차 세계 대전 중 미국이 원자 폭탄을 개발하기 위해 실시한 극비 계획.

모듈라이 공간
어떤 수학 문제에는 한 가지 이상의 해답이 있는데, 특정한 기하학 문제에 대한 가능한 모든 해의 집합을 모듈라이 공간이라 한다.
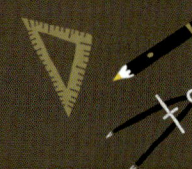

바이러스
세포보다 작고, 생물로 간주되지 않는 병원체. 다른 세포를 감염시키는 방법으로만 증식할 수 있으며 그 과정에서 질병을 일으킨다.

박테리오파지
세균을 공격하고 감염시켜 세균 안에서 증식하는 바이러스.
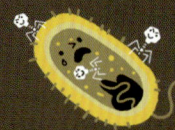

방사능
원자핵이 변화하거나 불안정해질 때 방출되는 방사선의 세기. 방사선에는 알파 입자, 베타 입자, 감마선, 전자기파 등이 있다.

베타 붕괴
원자의 양성자가 중성자로, 또는 중성자가 양성자로 바뀌고 베타 입자가 방출되는 방사성 붕괴의 한 형태.

변태

동물이 한 발달 단계에서 다음 단계로 성장하면서 아주 큰 변화를 겪는 과정. 예를 들어 애벌레가 고치를 만들어 나비가 되는 것 등이 있다.

분광기

프리즘 등을 이용해 빛을 전자기 스펙트럼에 따라 분석하는 장치. 원자들이 서로 다른 진동수의 빛을 흡수하는 성질을 이용해 천문학과 화학에서 사용된다. 과학자는 빛을 나누어 다양한 강도와 파장을 측정하고 검은 선으로 끊어진 곳을 보면서 빛 속에 있는 서로 다른 원자들을 알아볼 수 있다.

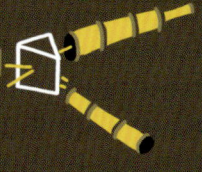

브라운 대 교육위원회 재판

1951년 미국 캔자스주의 올리버 브라운이 인종 분리 정책 때문에 어린 딸을 가까운 백인 초등학교 대신 멀리 떨어진 흑인 초등학교에 보내야 하자 주 교육위원회를 상대로 소송을 제기한 사건. 대법원까지 올라간 이 사건은 결국 공립 학교의 흑백 분리가 위헌이라는 판결을 이끌어 냄으로써 미국의 인종 차별 규정을 철폐하는 계기가 되었다.

생태계

함께 살아가는 유기체들의 무리와 그 유기체들 간의 상호 작용 및 대기, 물, 흙 같은 주변 환경과의 상호 작용을 아우르는 말.

세균

단세포 유기체의 한 종류. 세균은 종류가 많으며 동식물에게 이로울 수도, 해로울 수도, 편리할 수도 있다. 예컨대 우리를 병에 걸리게 하는 세균도 있고, 음식물의 소화를 돕는 세균도 있으며, 우유를 치즈로 만들어 주는 세균도 있다.

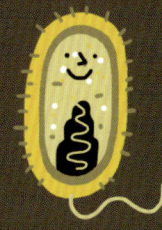

세포

생명체를 이루는 가장 작은 구성단위. 아메바나 세균처럼 혼자서 살아가는 세포도 있고, 한데 모인 세포들이 조직을 이루어 동식물의 기관을 만들기도 한다.

신경 성장 인자

새로운 세포를 성장시키고 우리의 신경 세포를 보수하고 유지하는 데 중요한 단백질. 우리 몸 전체를 순환하며 생존에 중요한 역할을 한다.

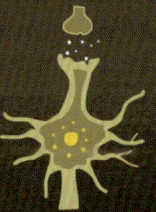

신경 세포

뉴런이라고도 함. 전기 화학 신호를 통해 우리의 뇌에 정보를 보내는 세포. 이 세포 덕분에 우리는 감각을 느끼고 기억과 생각을 하며, 몸을 움직일 수 있다.

아크등

아크 방전을 이용한 전등. 아크 방전은 두 전극 사이에서 전류가 기체나 공기를 이온화할 때 일어나는 플라스마 방전으로, 이 상태가 되면 일반적으로 전기가 통하지 않는 공기 중으로 전류가 흐른다. 번개는 자연적으로 발생하는 아크 방전의 한 예이다.

양서 파충류학

양서류와 파충류를 연구하는 학문.

여성 참정권 운동가

여성의 투표할 권리를 위해 싸운 활동가.

염색체

DNA 가닥이 한데 묶여 있는 다발. 세포의 핵 속에 있으면서 세포에게 어떤 일을 해야 하는지 명령을 내린다.

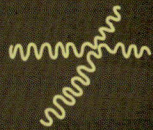

원소

물질을 구성하는 기본 요소. 금이나 헬륨은 한 가지 원소로만 이루어진 홑원소 물질이다.

원자

물질의 가장 작은 구성단위. 원자의 중심인 핵은 양성자와 중성자로 이루어져 있고, 음전하를 띤 전자가 핵 주위를 돌고 있다. 두 개 이상의 원자가 결합하면 분자가 된다.

119

식

세 천체가 나란히 늘어설 때 가운데에 놓인 천체가 한 천체의 시야를 가리거나 그 천체에서 나오는 빛이 다른 쪽 천체에 도달하지 못하게 막는 현상.
예컨대 월식 때는 지구가 달과 태양 사이에서 그림자를 만들기 때문에 태양 빛이 달에 닿지 않는다. 일식 때는 달이 지구와 태양 사이에서 그림자를 만들기 때문에 지구에서 태양 빛을 볼 수 없다.

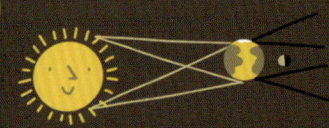

위계

누가 우위에 서서 다른 개체를 지배하며, 식량과 자원 등에 접근할 수 있는지 등의 체계가 확립된 사회.

유리 천장

여성들이 일터에서 높은 자리로 올라가지 못하게 가로막는 장벽. 투명한 유리처럼 눈에 보이지는 않지만 암묵적으로 존재하는 차별을 뜻한다.

유전학

우리의 DNA, 염색체, 유전자가 어떻게 작동하고, 유전자가 어떻게 조상과 부모로부터 전해지며 시간이 지남에 따라 어떻게 변하는지, 유전자가 유기체에 어떤 영향을 미치는지 등을 연구하는 학문.

이교도

기독교나 유대교 같은 유일신 종교에서 볼 때 자기 종교 외의 다른 종교, 특히 다신교를 믿는 사람들을 일컫는 말.

이안류

해안에서 바다 쪽으로 되돌아 나가는 아주 빠른 해류.

인간 공학

인간이 어떻게 도구 및 환경과 상호 작용하는지를 연구하는 학문. 인간 공학을 이용해 우리의 몸이 움직이는 방식에 맞추어 편하게 일할 수 있도록 도구를 디자인할 수 있다.

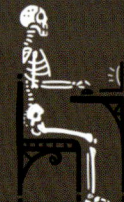

인간 컴퓨터

기계 컴퓨터가 나오기 전에 복잡한 수학 방정식을 계산하던 사람들. 한 사람이 각각 방정식의 작은 일부를 맡는 방식으로 함께 문제를 풀었다.

인슐린

인체가 당분 또는 포도당을 처리해 에너지를 얻거나 저장하도록 지시하는 호르몬.

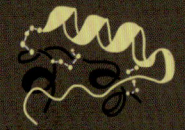

입자 가속기

전자기장을 이용해 엄청난 속도로 움직이는 입자를 서로 부딪치게 해서 쪼개는 장치.

젖산

우리가 운동할 때 근육에서 생기는 분자. 거티 코리와 칼 코리가 설명한 '코리 회로'를 통해 만들어진다.

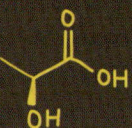

중원소

우라늄, 라듐처럼 원자량이 큰 원소.

지형학

지구가 생겨난 이래 지표면이 어떻게 변화해 왔는지 연구하는 학문. 예컨대 산과 대륙이 어떻게 만들어졌는지를 연구하는 것도 지형학의 일부이다.

천공 카드

특정한 자리에 구멍을 뚫어 코드를 만드는 빳빳한 종이. 기계나 컴퓨터에 명령을 내리는 초기의 도구였다.

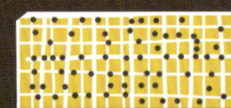

컴파일러

코볼 같은 컴퓨터 프로그래밍 언어를 기계가 이해할 수 있는 언어로 바꾸어 주는 프로그램.

코모도왕도마뱀

세계에서 가장 큰 도마뱀 종으로, 독을 지니고 있어서 아주 위험하다. 인도네시아가 원산이다.

쿠바 미사일 위기

1962년 소련이 쿠바에 핵미사일 기지 건설을 추진하면서 미국과 대립해 세계적으로 핵전쟁의 위기가 높아졌던 사건.

쿼크

합성 입자를 만드는 원자보다 작은 입자. 쿼크들이 모여 중성자와 양성자가 된다. 현재 쿼크에는 여섯 가지 종류가 있는데, 각각 '위 쿼크', '아래 쿼크', '야릇한 쿼크', '맵시 쿼크', '바닥 쿼크', '꼭대기 쿼크'라고 부른다. 쿼크에 대해서는 아직도 알아 가야 할 것들이 많다.

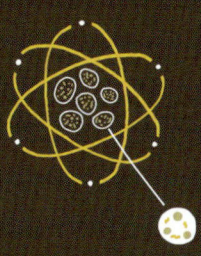

펄서

전자기 복사 광선을 방출하는 중성자 별. 이 광선은 펄서의 자기극에서 나오는데, 펄서가 자전을 하기 때문에 마치 깜박이는 등댓불처럼 보인다.

포도당

인간의 중요한 에너지원이 되는 당 가운데 하나. 예를 들어 도넛을 먹으면 도넛의 당분과 탄수화물이 소화되어 포도당으로 분해된다.

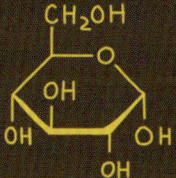

포진

바이러스 감염으로 피부에 수포가 생기는 병을 통틀어 부르는 말. 증상이 특정 부위에만 나타나는 단순 포진과 넓은 부위에 걸쳐 띠처럼 나타나며 큰 통증을 일으키는 대상 포진이 있다. '헤르페스'라고도 한다.

프로이트 이론

정신 의학의 한 분파. 현대 정신 분석학의 아버지 지크문트 프로이트의 이름을 딴 이론으로, 우리의 무의식적 욕망이 우리가 의식적으로 선택한 행동과 어떻게 상호 작용하는지를 다룬다.

당신이 꾼 꿈 이야기를 해 보시오.

항바이러스제

바이러스 감염에 맞서 싸울 수 있는 약.

항성 스펙트럼

분광기를 통해 별빛을 보았을 때 나타나는, 끊어진 검은 부분이 있는 무지갯빛 색깔.

화산 쇄설류

화산에서 분출되는 여러 가지 고형 물질이 한데 뭉쳐 빠른 속도로 흘러내리는 것.

화석

먼 옛날에 살았던 동식물의 유해가 시간이 흐르는 동안 보존되거나 돌처럼 굳어진 것. 공룡 뼈처럼 암석 속에서 발견되는 화석도 있고, 발자국처럼 암석 위에 남은 흔적이 화석이 되기도 한다.

DNA

우리의 유전적 지침서가 되는 분자 가닥. 부모에게서 유전되며, 우리의 세포와 신체에 성장하고, 번식하고, 기능하라는 명령을 내린다. 모든 유기체에는 DNA가 있고, DNA 가닥은 각 세포의 핵 속에 있다.

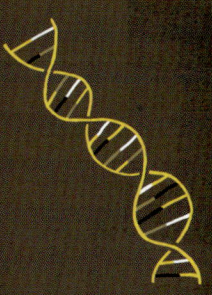

RNA

DNA에 담긴 유전 정보를 전달받아 단백질을 합성하는 물질.

X선 결정학

X선 광선을 결정화된 물질에 쏘는 기술. 결정을 지나간 X선은 곳곳으로 흩어진다. 과학자들은 X선의 각도를 측정해 서로 다른 분자와 원자의 3차원 구조를 이해할 수 있다.

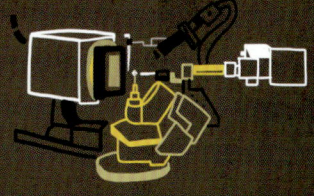

참고 자료

이 책을 쓰기 위해 자료를 찾는 일은 너무나 즐거웠다. 나는 모든 종류의 자료를 활용했다. 신문과 인터뷰, 강연 내용, 책, 영화, 그리고 인터넷까지! 여기 내가 참고한 자료의 일부를 소개한다. 더 많은 지식을 얻고 싶다면 아래 자료를 직접 찾아볼 것!

영상물

〈Beautiful Minds: Jocelyn Bell Burnell〉 Series 1, episode 1 of 3 | Directed by Jacqui Farnham | BBC Four | 2010

〈Commencement Address: From Vassar to the Discovery of the Higgs Particle〉 Performed by Sau Lan Wu | Vassar College | 2014

〈The Genius of Marie Curie〉 Directed by Gideon Bradshaw | BBC | 2013

〈Great Floridians Film Series—Marjory Stoneman Douglas〉 By Marilyn Russell | Florida Department of State | 1987

〈Jane Goodall at Concordia: Sowing the Seeds of Hope〉 Concordia University | 2014
www.youtube.com/watch?v=vibssrQKm60

〈May-Britt and Edvard Moser—Winner of the Körber European Science Prize 2014〉 Directed by Axel Wagner | Koerber-Stiftung | 2014
www.youtube.com/watch?v=592ebE5U7c8

〈Mission Blue〉 Directed by Robert Nixon and Fisher Stevens | Insurgent Media | 2014

〈Signals: The Queen of Code〉 Directed by Gillian Jacobs | FiveThirtyEight | 2015

〈Valentina Tereshkova: Seagull in Space〉 Russia Today | 2013
www.youtube.com/watch?v=Y2k9s-NbNaA

〈The Volcano Watchers〉 Directed by David Heeley. PBS | 1987

웹사이트

미국 자연사 박물관 www.amnh.org

브리태니커 백과사전 www.britannica.com

유대 여성 아카이브 www.jwa.org/encyclopedia

메이커스, 여성들의 이야기를 담은 최대의 비디오 사이트 www.makers.com

미국 항공 우주국 www.nasa.gov

미국 발명가 명예의 전당 www.invent.org

미국 여성사 박물관 www.nwhm.org

노벨상 공식 웹사이트 www.nobelprize.org

페미니스트 심리학의 목소리 www.feministvoices.com

미국 국립 의학 도서관 www.nlm.nih.gov

출판물

《After the Vote Was Won: The Later Achievements of Fifteen Suffragists》 Adams, Katherine H. & Michael L. Keene | McFarland | 2010

《Women in Engineering》 Layne, Margaret | ASCE Press | 2009

《Hypatia of Alexandria》 Dzielska, Maria | Harvard University Press | 1995

《두뇌, 살아 있는 생각》 섀런 버트시 맥그레인 지음, 윤세미 옮김 | 룩스미아 | 2007

《Notable Women of China: Shang Dynasty to the Early Twentieth Century》 Peterson, Barbara Bennett | M.E. Sharpe | 2000

《Headstrong: 52 Women Who Changed Science—And the World》 Swaby, Rachel | Broadway Books | 2015

감사의 말

오늘날 과학 분야에서 더 나은 미래를 만들기 위해 열정과 노고를 아끼지 않는 모든 여성에게 감사드린다. 최선을 다해 최고의 의사, 과학자, 공학자가 되기 위해 밤새워 공부하고 연구하는 여성들에게도 감사드린다. 곤충과 함께 놀고, 별을 바라보고, 낡은 기계를 분해해서 부모님의 골치를 썩이는 여자아이들에게도 감사를 드린다.

이 책을 만드는 동안 사랑과 응원, 놀라운 제안과 베이글을 보내 준 토머스 메이슨 4세에게 특별히 감사드린다. 문법의 달인 미아 머카도에게도 감사드린다. 이 책에 나오는 모든 수학 개념을 이해시켜 주고 훌륭한 제안을 해 준 아디트야 볼레티에게도 특별히 감사드린다. 그는 숙련된 문법 기술을 발휘하고, 사실 확인에 관한 도움을 주기도 했으며, 맛있는 비리야니 볶음밥까지 만들어 주었다.

텐스피드 출판사의 편집자 케이틀린 케첨 씨, 북디자이너 앤젤리나 체니와 타티아나 파블로바 등 유능한 분들의 노고와 전문성에 감사드린다! 마지막으로 내 작품을 발견해 주고 나를 믿어 준 에이전트 모니카 오둠에게 진심으로 감사한다.

작가 소개

이 책을 쓰고 그린 **레이철 이그노토프스키**는 미국 뉴저지주에서 만화와 푸딩이라는 건강 식단을 양분 삼아 자랐다. 2011년에 타일러 예술 대학에서 그래픽디자인 과정을 우등으로 졸업했다. 현재 미주리주의 아름다운 캔자스 시에서 살며 온종일 할 수 있는 만큼 그리고 배우고 있다. 밀도 높은 정보를 쉽고 재미있게 전하고 싶은 열망으로 교육적인 예술 작품을 만드는 데 헌신하고 있다.

레이철은 역사와 과학에서 영감을 얻으며, 그림이 공부를 흥미진진하게 만드는 강력한 도구라고 믿는다. 자신의 작품을 통해 교육과 과학, 강한 여성들에 관한 이야기를 전달하고 있다. 이 책이 자신의 열정과 꿈을 좇는 여자아이들과 어른들에게 힘이 되기를 바란다.

이 책은 레이철의 첫 번째 책으로, 앞으로 더 많은 책을 쓸 계획이다. 레이철에 대해 더 알고 싶다면 www.rachelignotofskydesign.com을 방문해 보기 바란다.

이 책을 옮긴 **안민희**는 대학에서 영어영문학을 공부하고, 어린이책 전문 기획실 햇살과나무꾼에서 영어권의 좋은 어린이, 청소년 책을 소개하고 번역하는 일을 했다. 지금은 프리랜서 번역가로 일하고 있다. 옮긴 책으로 《펭귄의 일기》, 《쇠막대가 머리를 뚫고 간 사나이》, 《화이트 타임》, 《플랜더스의 개》 등이 있다.

찾아보기

ㄱ

개척자 상	69
거트루드 엘리언	72-73
거티 코리	46-47, 120
결정학(자)	64-65, 78-79, 121
고생물학(자)	14-15
고에너지 물리학상	103
곤충학(자)	10-11
공학(자)	7, 36-37, 40-41, 83, 85, 95, 109, 115, 120, 124
과학 화가	11
그레이스 호퍼	7, 56-57

ㄴ

나사 특별 공로상	74
네티 스티븐스	24-25
노벨 물리학상	29, 54-55, 101
노벨 생리 의학상	46-47, 53, 62-63, 73, 79, 80-81, 83, 98-99, 110-111, 114
노벨 화학상	29, 35, 64-65, 115

ㄷ

도로시 호지킨	64-65
동물학(자)	49, 59

ㄹ

레닌 평화상	65
레이첼 카슨	58-59
로절린 앨로	80-81
로절린드 프랭클린	7, 78-79
로켓 과학(자)	89
루나 오비터 상	74
루이스 B. 메이어	69
루이스 리키	91

ㅁ

리제 마이트너	7, 34-35
리타 레비몬탈치니	62-63
린다 벅	114
릴리언 길브레스	36-37

마거릿 대처	65
마리 달리	32
마리 자크셰브스카	19
마리 퀴리	7, 21, 28-29, 32, 35, 103, 114
마리아 거트루드 메이어	54-55
마리아 미첼	115
마리아 지빌라 메리안	10-11
마리암 미르자하니	112-113
마이브리트 모세르	110-111
마일스 잭슨	44
매저리 스톤먼 더글러스	42-43
메리 리키	115
메리 애그니스 체이스	30-31
메리 애닝	14-15
메이 제미슨	108-109
메이미 핍스 클라크	70-71
모리스 크라프트	106-107
물리학(자)	7, 29, 35, 39, 51, 55, 67, 74-75, 81, 101, 103, 113, 114-115, 118
미국 국가 과학상	67, 86
미생물학(자)	83
민권법	33

ㅂ

바버라 매클린톡	6, 52-53, 105
바이러스	73, 78-79, 82-83, 114, 118, 121
바이런 경	17
발렌티나 테레시코바	32, 94-95
베라 루빈	86-87
보디숑 부인	21

분자 생물학(자)	83, 999, 105
블루멘탈 상	113

ㅅ

사우란 우	102-103
상대성 이론	51
새뮤얼 팅	103
새터 상	113
샐리 라이드	115
생화학(자)	46-47, 65, 73, 83
세실리아 페인가포슈킨	7, 50-51
셜리 앤 잭슨	114
소피야 코발렙스카야	115
솔로몬 버슨	81
수학(자)	7, 8-9, 13, 17, 21, 33, 38-39, 57, 65, 74-75, 85, 89, 112-113, 115, 118, 120, 124
스탠리 코언	63
스템	7, 84-85
시빌라 매스터스	33
식물학(자)	31, 52-53, 114
신경학(자)	63, 111
실비아 얼	92-93
실험 기구	60-61
심리학(자)	22-23, 36-37, 71, 111, 123

ㅇ

아다 요나트	115
안과	96-97
알베르트 아인슈타인	7, 35, 39, 51
앙리 베크렐	29
애나 제인 해리슨	114
애니 이즐리	88-89
앤 이사벨라 밀뱅크	17
앤터니 휴이시	101
앨리스 볼	44-45

앨버트 히치콕	31
약리학(자)	73
양서 파충류학(자)	48-49, 119
에니스트 코	43
에드먼드 윌슨	25
에드바르 모세르	111
에미 뇌터	7, 38-39, 118
에밀리 로블링	115
에밀리 블랙웰	19
에스터 레더버그	82-83
에이다 러브레이스	7, 16-17
엘레나 피스코피아	33
엘리자베스 블랙번	104-105
엘리자베스 블랙웰	18-19
엘스워스 제롬 힐	31
영장류	91
오토 한	34-35
올가 허킨스	59
왕정의	12-13
우젠슝	66-67
우주 비행(사)	75, 93, 94-95, 109, 115
윌리엄 에어턴	21
유전학(자)	6, 24-25, 52-53, 82-83, 98-99, 120
의학	18-19, 23, 47, 81, 97, 118, 121
이디스 클라크	40-41
이디스 플래니건	115
이렌 졸리오 퀴리	114
인간 공학	36-37
인류학(자)	91
입자 물리학(자)	103

ㅈ

자나키 아말	114
전기 공학(자)	40-41
전미 도서상	59
전의길	13
제인 구달	90-91
제인 쿡 라이트	76-77
제임스 왓슨	7, 79
제임스 크레이그 왓슨 메달	87
조 메이어	55
조슈아 레더버그	83
조슬린 벨 버넬	100-101
조앤 비첨 프록터	48-49
조지 앤타일	69
조지 앨버트 불렌저	49
조지 히칭스	73
종양학(자)	76-77
지질학(자)	26-27, 65, 107
지크문트 프로이트	23, 121

ㅊ

찰스 배비지	17
천문학(자)	8-9, 13, 32, 51, 87, 115, 119
천체 물리학(자)	51, 101
침팬지	90-91

ㅋ

카렌 호나이	22-23
카를 아브라함	23
카티아 크라프트	106-107
칼 코리	47, 120
캐롤 그라이더	105
캐롤라인 허셜	32
캐서린 존슨	74-75
케니스 클라크	71
켄트 포드	87
크라프트 메달	107
크리스티아네 뉘슬라인폴하르트	98-99
클레이 연구상	113

ㅌ

테시 토머스	115

토머스 모건	24-25

ㅍ

퍼트리샤 배스	96-97
평등 임금법	33
프랑수아즈 바레시누시	114
프랜시스 크릭	7, 79
프랭크 길브레스	37
프로그래밍	7, 17, 56-57, 120
프리츠 만들	69
프리츠 츠비키	87
플로렌스 배스컴	26-27
피에르 퀴리	29
필즈상	112-113

ㅎ

하워드 에이킨	57
한센병	45
해양 생물학(자)	59, 93
허샤 에어턴	20-21
헤디 라마	68-89
헨리 노리스 러셀	51
헨리 노리스 러셀 상	50
화산학(자)	106-107
화석	14-15, 27, 115, 121
화학(자)	7, 27, 29, 32, 35, 44-45, 55, 59, 64, 69, 72-73, 76-77, 78-79, 83, 97, 109, 114-115, 118-119
환경 운동(가)	43, 59
휴스 메달	20-21
히파티아	8-9, 33

W

W. W. 시펠린 클레이에이터	75

세상을 바꾼 여성 과학자 50
두려움 없이 자신의 꿈을 향해 나아가다!

레이철 이그노토프스키 글·그림 | 안민희 옮김

1판 1쇄 펴낸날 2018년 7월 25일 | **1판 2쇄 펴낸날** 2018년 12월 19일 | **펴낸이** 이충호 | **펴낸곳** 길벗어린이㈜
등록번호 제10-1227호 | **등록일자** 1995년 11월 6일 | **주소** 04000 서울시 마포구 월드컵북로 45 에스디타워비엔씨 2F
대표전화 02-6353-3700 | **팩스** 02-6353-3702 | **홈페이지** www.gilbutkid.co.kr
총괄 권혁환 | **편집1팀** 송지현 | **편집2팀** 임하나 이현성 | **디자인** 김연수
마케팅 유소희 김서연 김형주 황혜민 손성문 | **총무·제작** 최유리 임희영
ISBN 978-89-5582-462-9 74400, 978-89-5582-463-6 (세트)

WOMEN IN SCIENCE: 50 Fearless Pioneers Who Changed the World by Rachel Ignotofsky
Copyright ⓒ 2016 by RACHEL IGNOTOFSKY
All rights reserved.
This Korean edition was published by Gilbut Children Publishing in 2018 by arrangement with Ten Speed Press, an imprint of the Crown Publishing Group, a division of Penguin Random House LLC through KCC(Korea Copyright Center Inc.), Seoul.

이 책은 ㈜한국저작권센터(KCC)를 통한 저작권자와의 독점계약으로 길벗어린이㈜ 에서 출간되었습니다. 저작권법에 의해 한국 내에서 보호를 받는 저작물이므로 무단전재와 복제를 금합니다.

이 책의 국립중앙도서관 출판예정도서목록(CIP)은 서지정보유통지원시스템 홈페이지(http://seoji.nl.go.kr)와 국가자료공동목록시스템(http://www.nl.go.kr/kolisnet)에서 이용하실 수 있습니다. (CIP 제어번호 : CIP2018013751)